저는 후보 3번입니다만…

저는 후보 3번입니다만…

초판 1쇄 발행 2020년 1월 15일

지은이 신은영
펴낸곳 글라이더 **펴낸이** 박정화
편집 이정호 **일러스트** 양티스트 **디자인** 디자인뷰 **마케팅** 임호

등록 2012년 3월 28일 (제2012-000066호)
주소 경기도 고양시 덕양구 화중로 130번길 14(아성프라자 601호)
전화 070)4685-5799 **팩스** 0303)0949-5799 **전자우편** gliderbooks@hanmail.net
블로그 http://gliderbook.blog.me/
ISBN 979-11-7041-016-4 03320

이 도서의 국립중앙도서관 출판예정도서목록(CIP)은 서지정보유통지원시스템
홈페이지(http://seoji.nl.go.kr)와 국가자료공동목록시스템(http://www.nl.go.kr/
kolisnet)에서 이용하실 수 있습니다.(CIP제어번호: CIP2019052520)

글라이더는 독자 여러분의 참신한 아이디어와 원고를 설레는 마음으로 기다리고 있습니다.
gliderbooks@hanmail.net 으로 기획의도와 개요를 보내 주세요. 꿈은 이루어집니다.

저는 후보 3번입니다만…
; 다시 달릴 당신을 위해

신은영 지음 ─────

글라이더

'우리의 고민과 대답'

삶은 달리기와 휴식의 반복이다.

그런데 나는 달릴 때도 휴식할 때도 늘 의구심을 갖는다.

'과연 내가 제대로 하고 있는 건가?'

질문에 답을 찾으러 부단히 노력했지만, 매번 명쾌한 답을 찾기

란 쉽지 않았다.

나는 무겁고 답답한 삶의 무게를 덜어내기 위해 책을 읽고 글을

쓰기 시작했다. 독서와 글쓰기는 기본적으로 자신에게 질문을 던

지는 일이다. 그래서 답을 찾기 위해 시작한 일로 그보다 훨씬 많

은 질문을 떠안게 되었다. 그 질문에 하나하나 대답하다 보니 어

느새 이 책이 완성되었다.

'나는 누구인가?'

'어떻게 살아야 하는가?'

'삶에서 중요한 것은 무엇인가?'

저는 후보 3번입니다만…

얼핏 진지하고 심오한 철학적인 질문처럼 보이지만, 실상 우리의 일상과 맞닿은 실용적 질문이다. 그에 대한 대답도 비교적 보편적이고 이해하기 쉽게 담았기에 당신과 나를 뛰어넘어 부디 '우리'의 대답이 되길 희망해본다.

나의 고민 중에 당신의 고민이 있으면 좋겠다.
나의 대답 중에 당신의 대답이 있으면 더 좋겠다.
그리하여 결국엔 우리의 삶이 조금이라도 가벼워지면 좋겠다.
삶이 어차피 달리기와 휴식의 반복이라면, 가볍고 행복한 편이 좋을 테니까.

2020년 1월
신은영

차례

3 쉬어가는 당신을 위해

저는 후보 3번입니다만…

1장

주춤하는
당신을
위해

저는 후보 3번입니다만…

'포기하지 않는 사람이 행운을 만난다'

> "멈추지 않는 이상 얼마나 천천히 가는지는
> 문제가 되지 않는다." - 공자

《습관은 어떻게 인생이 되는가》라는 책에 2002년 솔트레이크시티 동계올림픽 쇼트트랙 이야기가 나온다. 알다시피 당시 주목받던 선수로는 김동성, 리자쥔, 안현수, 안톤 오노 등이 있었다. 그런데 이야기의 주인공은 그들이 아닌 호주 선수 스티븐 브래드버리다. 그는 29세 노장의 나이로 올림픽에 출전했다. 나이나 기록만 봐도 결코 주목할 만한 선수는 아니었다.

그는 상대적으로 쉬운 선수들과 한 조가 되어 예선전을 가볍게 통과했다. 준준결승에서는 꼴찌로 달리다가 한 선수가 넘어지는 바람에 3위로 달리게 되었다. 그런데 2위를 한 마크 가뇽 선수가 실격되는 바람에 운 좋게 2위에 올랐다.

그런가 하면 준결승에서는 김동성 선수, 리자쥔 선수와 한 조가 되었다. 경기 도중 리자쥔 선수의 발목에 김동성 선수가 걸려 둘 다

넘어졌다. 덕분에 그는 2위로 통과했다. 그 와중에 1등으로 들어온 선수가 실격당하는 바람에 그가 1위로 올라섰다.

마지막 결승전에는 안현수 선수와 안톤 오노가 있었고, 브래드는 내내 꼴찌를 유지했다. 그런데 결승선을 반 바퀴 남겨둔 상태에서 안현수 선수가 넘어지면서 다른 선수들도 우르르 넘어지고 말았다. 멀찍이 있던 브래드 버리는 그 틈에 1위로 통과해 우승을 거머쥐었다.

인터뷰에서 그는 이렇게 말했다.

"이건 이겨서가 아니라 지난 10여 년간 최선을 다해서 주는 상인 것 같다."

한 편의 드라마 같은 이 이야기는 그저 그의 행운을 말하려는 것이 아니다. 누구나 인생에서 행운을 만나지만, 아무런 노력도 하지 않은 채 행운을 만나기란 거의 불가능하다. 그러니 끝까지 포기하지 않고 달려야 한다. 그러면 몇 번의 행운이 '선물'처럼 주어질지도 모른다.

내게도 이와 비슷한 경험이 있다.

내가 고등학교 3학년 때, 당시 내가 목표한 대학만 우리 지역에서 유일하게 논술 시험을 본다고 했다. 국어 선생님들이 논술반을 꾸려서 수업을 진행했는데, 며칠 지나자 친구들 사이에서 논술을 포기해야겠다는 말들이 심심찮게 나왔다. 짧은 기간에 논술을 배운다고 뭐가 달라지겠냐는 생각 때문이었다. 물론 나도 비슷한 생각을 하긴 했다.

하지만 나는 포기할 수 없었다. 왜냐하면 예상보다 내 수능 점수가 너무 낮게 나왔기 때문이었다. 목표한 대학에 가기 위해선 논술 외엔 달리 희망이 없었다. 그래서 열심히 수업을 듣고, 혼자 이런저런 주제로 글을 써보며 연습을 이어갔다.

논술 시험 당일, 커다란 원고지와 대면하고 있으니 손이 덜덜 떨려왔다. 나는 침을 꼴깍꼴깍 삼켜가며 최대한 정확한 단어와 단정한 글씨로 원고지를 끝까지 채워나갔다.

결과 발표가 있던 날, ARS 전화를 걸어 수험번호를 입력했다.

"후보 3번입니다."

아뿔싸!

후보 3번이라면, 세 명이 입학 포기를 해야 내가 들어갈 수 있다는 말이었다. 기뻐할 수도 슬퍼할 수도 없는 그야말로 애매한 상황이 되고 말았다. 복수 지원한 다른 대학에는 합격한 상태였지만 나는 목표한 대학에 꼭 들어가고 싶었다.

피 말리는 시간이 무심히 지나갔다. 그리고 한참 만에 연락이 왔다. 후보 3번까지 합격했다고! 거짓말처럼 딱 세 명이 입학을 포기한 것이다. 그리고 곧이어 복수 지원한 대학에서 입학 여부를 묻는 전화가 왔다.

"저 다른 데 붙었어요! 우하하하!"

나도 모르게 크게 웃으며 대답했다.

그 후 담임 선생님이 말씀하시길, 나보다 수능 점수가 높은 친구는 그 대학에 합격하지 못했다고 했다. 논술 시험 덕분인 것 같아 나는 스스로가 대견스러웠다.

아직도 논술 시험 날, 원고지를 채우며 손가락이 덜덜 떨리던 느낌이 손끝에 붙어있는 것 같다. '후보 3번, 합격하셨습니다.'라는 말도 귀에 생생하다.

한동안 언니들은 나를 '후보 3번'이라고 놀렸다. 그래도 나는 좋았다. 논술을 포기하지 않은 덕에 행운을 얻었으니까.

가능한지 불가능한지는 어차피 나중에 알 수 있다. 그러니 일단 끝까지 가보자. 누군가는 그 불확실성 때문에 열심히 할 수 없다고 말한다. 하지만 나는 그 불확실성 때문에 열심히 하라고 말한다. 불확실성에는 '뜻하지 않은 행운'도 포함되어 있기 때문이다.

혹시 그 행운이 나의 몫일지 누가 알겠는가? 끝까지 가보지 않고선 아무도 모를 일이다.

'포기하지 않는다면 행운을 만날 가능성 또한 높아진다. 그러니 일단 끝까지 가보자!'

내 고민이 녹아내린 날

'딱 한 걸음만 내딛으면 성공이다'

"승리는 가장 인내심이 강한 사람이 가지게 된다."

– 나폴레옹 보나파르트(Napoléon Bonaparte)

열정적으로 일하며 새로운 미래를 꿈꾸던 한 의사가 있었다. 그런데 어느 날부터인가 손으로 글씨 쓰는 것이 불편해지고 다리도 뻣뻣해졌다. 미루고 미루다 진료를 받아보니, '파킨슨 병'이라고 했다. 그녀의 나이 겨우 마흔세 살이었다.

그녀는 여느 환자들처럼 한동안 두문불출하며 절망 속에서 허우적댔다. 누구보다 열심히 살아왔는데, 왜 자신에게 이런 불행이 닥쳤는지 이해해보려고 해도 도저히 이해할 수 없었다. 그렇게 며칠 동안 침대에 누워있던 그녀는 문득 이런 생각을 했다.

'나는 여전히 나다. 분명 어제의 나와 달라진 건 아무것도 없는데, 왜 나는 이렇게 고통스러운 걸까?'

그녀는 곧장 일어났다. 그리고 다시 일상을 살기 시작했다.

미국에서 정신분석학을 배우려는 계획이 틀어지자, 그녀는 처

음으로 대중과 소통하는 의미 있는 일을 해보고 싶어졌다. 이전에
는 진지하게 글을 써본 적도 없었지만, 처음으로 타인의 고통에 진
지하게 귀를 기울이고 싶었다. 물론 병세는 롤러코스터를 탄 듯 변
화무쌍했다. 하지만 다행히도 글을 쓰는 시간만큼은 완전히 몰입
할 수 있었다.

한번은 사경을 헤매기도 하고, 한번은 자력으로 몸을 움직일 수
조차 없는 상태에 이른 적도 있었다. 그래도 그녀는 매번 살아있음
에 감사했다.

늘 정신없이 일하던 그녀에게 병은 속도를 늦추라고 말했다. 그
렇게 느려진 속도를 그녀는 '달팽이 속도'라고 부른다. 일상의 동작
들이 천천히, 조심스럽게 진행되자 그녀는 신기한 경험을 하게 되
었다. 이전에는 보이지 않던 존재와 풍경이 보이기 시작한 것이다.

이를테면 비 온 다음 날, 잎에 맺힌 '물방울' 같은 것이었다. 가만
히 물방울을 들여다보고 있으면 그 속에 있는 우주가 보인다고 했
다. 곧 사라질 우주가 아쉬워 그녀는 휴대폰으로 사진을 찍었다. 그
리고 자신의 SNS에 올리기 시작했다. 이런 사진들이 모이고 모이
자 친구들이 사진 전시회를 열자고 제안했고, 실제 전시회를 열어
지인들과 기쁨을 나누기도 했다.

제주도에서 요양하던 어느 날, 약 기운이 떨어지기 전에 얼른 산
책을 다녀와야겠다고 생각했다. 하지만 풍경에 푹 빠진 그녀는 계
획한 시간보다 더 머물고 말았다. 다리가 뻣뻣해지자 마음이 급해
져 속도를 내며 걷기 시작했다. 그때 저쪽에서 한 무리의 젊은이가

단체 여행을 온 듯 왁자지껄 떠들어댔다. 그녀는 무심코 그들을 보다가 싱그러운 젊음이 부러워 쓸쓸해지고 말았다. 그런데 무리가 다 지나갈 때쯤, 맨 마지막에 휠체어 한 대가 보였다. 그 휠체어에는 뇌성마비 환자가 앉아있었고, 누군가 휠체어를 밀어주고 있었다. 뇌성마비 환자를 보는 순간, 그녀는 문득 부끄러운 생각이 들었다. 자신은 평범한 젊은이들을 부러워하고 있는데, 혼자 걸을 수조차 없는 뇌성마비 환자는 걸을 수 있는 그녀를 부러워하지 않을까 싶었던 것이다.

또 한번은 화장실에 가려고 그녀가 몸을 일으켰다. 바로 코앞에 화장실이 있었음에도 불구하고, 힘겹게 일어선 그녀는 한 발자국도 떼지 못하고 서 있었다. 마치 자석에 붙은 듯 안간힘을 써도 움직일 수 없었다. 할 수 없이 그녀는 온 신경을 집중해 오른쪽 다리를 쳐다보았다. 한참 만에 오른쪽 다리가 한 걸음을 내딛는 데 성공했다. 다음으로 왼쪽 다리에 집중했다. 역시 한걸음 성공했다. 그렇게 온 힘을 다해 걸음을 내딛으며 그녀는 생각했다.

이 이야기를 젊은이들에게 해주어야겠다고.

들여다보면 우리는 모두 비슷한 고민을 하며 산다.

'어떻게 살아야 하나?'

그 질문에 대해 그녀는 이렇게 말해주고 싶단다.

'내가 그렇게 다리를 옮긴 것처럼 일단 한 걸음만 움직이세요! 그러고 나면 다음 한 걸음도 옮길 수 있을 거예요. 방향만 맞다면, 그렇게 한 걸음씩 옮겨가면 되는 거예요.'

그녀는 바로 정신과 의사 김혜남이다. 《서른살이 심리학에 묻다》, 《어른으로 산다는 것》 등의 책을 쓴 그녀는 삶의 전환점을 긍정적으로 받아들인 멋진 사람이다.

지극히 사소한 고민들로 머릿속이 복잡했던 어느 날, 나는 우연히 유튜브에서 그녀의 이야기를 보게 되었다. 약 부작용으로 자율신경계에 이상이 생기는 바람에 그녀의 손과 발이 불규칙적으로 움직이고 있었다. 그런데도 그녀의 말은 명료하고 메시지는 강렬했다.

자신의 의지로 단 1센티미터도 움직일 수 없던 순간을 저렇게 담담하게 말할 수 있을까 싶어 마냥 신기해하다가, 다음 순간 그 모습에 괜스레 울컥하고 말았다.

만약 내가 그녀의 처지였다면, 나는 과연 어떻게 했을까? '하나의 문이 닫히고 나면, 또 하나의 문이 열린다는 말이 사실이더라.' 라고 시원스레 말할 수 있을까? 혹시 닫힌 문을 부여잡고 내내 울고 있진 않을까?

모든 것이 내 의지대로 흘러가고, 평온한 일상이 이어지는 것만이 행복일까? 그녀처럼 완전히 뒤바뀐 현실을 살아가면서도 의미를 발견할 수 있는 사람이 진짜 행복한 사람은 아닐까?

마음이 쓰이는 고민들, 결정을 하고 나면 사라질 고민들, 내가 해결할 수 없는 고민들이 그녀의 말 앞에서 스르르 녹아내렸다.

'포기하지 않는 한, 우리는 얼마든지 또 다른 길을 발견할 수 있다.'

풍선과 카메라

'관점만 달리해도 자신감이 생긴다'

"절대로 고개를 떨구지 말라. 고개를 치켜들고
세상을 똑바로 바라보라." - 헬렌 켈러(Helen Keller)

《하버드 새벽 4시 반》이라는 책에 케인 박사가 강연회에서 들려
준 이야기가 나온다.

백인 아이들이 공원에서 놀고 있었다. 잠시 후, 풍선 파는 할아버
지가 나타나자 아이들이 우르르 몰려들어 형형색색의 풍선을 하나
씩 샀다. 그러곤 이리저리 놀다가 각자 풍선을 하늘로 날려 보냈다.

이 모습을 공원 구석에서 부러운 듯 지켜보던 흑인 소년이 있었
다. 백인 아이들과 어울려 놀고 싶었지만 선뜻 용기가 나지 않아 가
만히 보고만 있던 아이였다. 그러다 마침내 백인 아이들이 사라지
자, 소년은 조심스레 풍선 파는 할아버지에게 다가갔다.

"저도 풍선 하나 사고 싶어요."

"그래, 무슨 색깔을 좋아하니?"

할아버지 질문에 소년은 고민했다.

20

"검은색 풍선이요."

풍선을 받아든 소년은 이리저리 뛰어다녔다. 그러곤 아까 백인 아이들이 그랬던 것처럼 풍선을 하늘로 띄워 보냈다. 소년을 지켜보던 풍선 파는 할아버지가 말했다.

"저 풍선이 하늘로 날아갈 수 있는 건 다른 이유가 아니란다. 공기보다 가벼운 수소라는 가스가 가득 들어있기 때문이야."

소년은 할아버지의 이야기에 귀를 기울였다.

"사람들도 똑같지. 성공과 실패는 풍선 색깔, 즉 피부색에 달린 게 아니란다. 속에 수소 같은 가스가 가득하면 얼마든지 날아오를 수 있어. 그게 바로 자신감이란다."

소년은 조용히 고개를 끄덕였다.

케인 박사의 이야기가 끝나자 청중은 크게 감동을 받았다.

"이 이야기 속 소년은 나중에 어떻게 되었을까요?"

누구도 말이 없었다.

"소년은 심리학자가 되었답니다. 지금 여기 서서 자신의 어린 시절 경험을 이야기해주고 있지요."

청중은 그에게 아낌없이 박수를 보냈다.

두려움을 극복하고 자신감을 가져야 했던 순간이 내 삶에도 있었다.

내가 필리핀에서 어학연수를 할 때, 스피치 학원에 간 적이 있다. 현지인이 운영하는 스피치 학원으로 꽤 유명한 곳이라고 했다.

나는 그저 호기심으로 갔던 터라 별 기대없이 영어 공부를 할 생각이었다.

그런데 첫 시간부터 깜짝 놀라고 말았다. 앞에 카메라를 설치해놓고 한 명씩 스피치를 하게 한 다음, 그걸 다 녹화하는 게 아닌가! 게다가 이를 재생해서 다 함께 느낀 점을 나누기까지 했다.

첫날, 그 부담스러운 경험을 하고 나니 얼른 관두고 싶은 마음뿐이었다. 하지만 그것도 그리 간단하지 않았다. 수업을 들은 이상 나머지 수업료를 환불해줄 수 없다는 게 학원 측 입장이었기 때문에 나는 울며 겨자 먹기로 학원을 계속 다닐 수밖에 없었다.

다음 시간이 다가올수록 나는 카메라 공포증 때문에 가슴이 답답해져 왔다. 거대한 눈이 나를 쏘아보고, 그 앞에서 허둥대는 내 모습이 자꾸만 그려졌다. 그럴수록 그냥 포기할까 하는 생각이 하루에도 수십 번 들었다.

결국 부딪혀 보는 쪽으로 가닥을 잡아갔지만, 문제는 카메라 공포증이었다. 아무리 생각해도 뾰족한 수가 없어서 나는 혼자 주문을 걸기 시작했다. 눈에 보이는 모든 물체를 '카메라'라고 생각하는 주문이었다. 누군가와 눈만 마주쳐도 속으로 생각했다.

'저건 카메라군!'

TV를 보면서도 '난 카메라를 보고 있다!'라고 생각했다.

그렇게 생각하자 나를 둘러싼 모든 것이 카메라가 되었다. 심지어 거울을 들여다보면, 나마저 카메라인 것만 같았다. 결국 세상이 모두 카메라라면 유독 학원 카메라만 두려워할 이유는 없다는 생각에 이르렀다.

마침내 수업 날, 심호흡을 하고 교실에 들어섰다. 카메라가 가장 먼저 눈에 들어왔다. 하지만 그때만큼 두렵진 않았다. 게다가 선생님을 보자마자 습관처럼 나도 모르게 이런 생각을 했다.

'선생님도 카메라군!'

그러자 혼자 웃음이 빵 터져버렸다. 선생님은 낄낄거리는 나를 이상하게 바라보셨지만, 덕분에 그날 나는 카메라 앞에서 긴장하지 않았다. 웃음으로 긴장을 날려버리기도 했고, 무엇보다 세상에 많고 많은 카메라 중 하나가 내 앞에 있다고 생각하니 크게 부담스럽지도 않았다. 이런 간단한 주문 덕에 나는 마지막 수업까지 듣는 데 성공했다. 그리고 횟수가 거듭될수록 자신감도 제법 붙었다.

그러니 어쩌면 '자신감'은 그리 대단한 마음가짐이 아닐지도 모른다. 그저 생각과 관점을 조금 달리하고, 훈련을 통해 얻을 수 있는 것일지도 모르니까 말이다. 내가 '보이는 모든 것을 카메라라고 생각했던 것'처럼! 그리고 까만 풍선이 자신감을 가득 채우고 하늘로 날아올랐다고 생각했던 것처럼!

이처럼 관점을 바꾸어 바라보면 우리도 충분히 자신감을 얻을 수 있지 않을까?

'조금만 자신감을 발휘해보자. 그러면 세상이 달리 보이는 경험을 할 수 있다.'

세상에는 틈이 많습니다

'틈새 시간을 잘 활용하는 사람이 성공한다'

"승자는 시간을 관리하며 살고, 패자는 시간에 끌려 산다."

- J. 하비스

에세이 《노력이라 쓰고 버티기라 읽는》의 한재우 작가는 직장을 다니면서 다양한 일을 한다. 일주일에 3번 팟캐스트를 방송하고, 오프라인 강의를 하고, 글까지 쓴다. 그는 싱글이고 술 담배를 하지 않아서 가능한 일이라고 겸손하게 말한다. 하지만 실상 같은 조건인데도 시간을 허비하는 이가 얼마나 많은가?

그런가 하면 김미경 강사는 거의 매일 강연을 하고, 틈틈이 책을 쓰고, 옷까지 만든다. 어디 그뿐인가? 영어 공부를 하고, 유튜브 방송을 찍고, 이와 연계한 유튜브 대학을 통해 사람들과 끊임없이 소통한다.

그녀는 그 많은 일을 다 해내면서도 웬만해선 지치지 않는다. 그 속에서 즐거움을 얻고, 보람을 느끼기 때문일 것이다.

김미경 강사와 비슷한 일본인이 있다. 정신과 의사이자 작가인

가바사와 시온이다. 그는 의사로 일하면서 유튜브 방송을 하고, 칼럼을 쓰고, 책을 집필한다. 만나는 사람들마다 그에게 늘 똑같은 질문을 한단다.

"어쩜 그렇게 많은 일을 할 수 있죠?"

그는 누구나 할 수 있는 일이라고 대답한다. 그의 책《소확공》에 보면 습득한 지식을 아웃풋 하는 방법이 상세히 적혀 있다. 간단히 말하자면, 반복적으로 아웃풋 해서 지식을 장기기억으로 보내면 일의 효율이 높아지고, 결국에는 다양한 일을 어렵지 않게 할 수 있다는 것이다.

그런가 하면《장미의 이름》의 저자 움베르토 에코 또한 다양한 일을 하는 사람으로 유명하다. 그는 기호학자이면서 철학자, 미학자, 소설가까지 겸하고 있다.

"어떻게 그렇게 많은 일을 하십니까?"라는 질문에 대한 그의 대답이 인상적이다.

"세상에는 틈이 많습니다."

움베르토 에코의 대답을 읽는 순간 나는 뜨끔해지고 말았다. 나의 하루는 듬성듬성한 구멍으로만 이뤄진 것 같아서였다. 지금껏 구멍은 물론 틈을 무엇으로 채웠는지 생각하니 절로 부끄러워지고 말았다.

오늘 아침, 필사와 영어 공부를 마치고 아이가 등교하기 전까지 약간의 시간이 남았다. 짧다면 짧은 시간이라 손에 잡히는 책을 읽기로 했다. 사실 그 짧은 시간에 읽어봤자 몇 페이지를 읽을까 싶어

별 기대는 하지 않았다. 그런데 읽다 보니 어느새 10페이지 이상을 읽고 있는 게 아닌가. 바쁜 CEO들은 엘리베이터를 기다리면서도 책을 읽는다고 하더니, 그들의 틈새 공략이 바로 이런 건가 싶었다.

하루를 빡빡하게 채울 필요는 없지만, 틈새를 활용하는 지혜는 발휘해볼 만하다. 틈새 시간만으로 뭔가를 이룬다면 그건 마치 공짜 선물을 받는 기분일 테니까 말이다.

움베르토 에코의 말을 기억하자.

'세상에는 틈이 많습니다.'

'시간이 없다는 말 대신, 틈새 시간을 활용하겠다고 말하는 게 어떨까? 우리에겐 이미 예상외로 많은 틈새 시간이 주어져 있으니까.'

당신의 글이 특별한 이유

'성장하는 사람은 용기를 가지고 자신을 드러낸다'

"자신의 능력을 믿어야 한다. 그리고 끝까지 굳세게 밀고 나가라."
- 로잘린 카터(Eleanor Rosalynn Smith Carter)

"세상에 글 잘 쓰는 사람들이 너무 많아요….."

그녀가 말했다.

"누구요? 유명한 작가들이요?"

내가 물었다.

"네. 지금 베스트셀러 1위 읽어봤어요? 정말 멋지더라고요. 그러니까 그런 사람이나 책을 써야죠. 나 같이 평범한 사람이 무슨 책을 쓰겠어요. 누가 읽긴 하겠어요?"

그녀의 흔들리던 눈빛이 한숨과 함께 바닥으로 내려앉았다.

"본인만 할 수 있는 이야기가 있잖아요. 남들과 같은 듯 다른 이야기 말이에요."

나는 마치 속에 진주를 품고도 그 사실을 모르는 조개와 대면한 것만 같았다.

"내 이야기는 너무 평범해요…."

그녀는 끝내 진주를 보여주지 않겠다는 듯 입을 꾹 다물었다.

"그런 말 들어봤어요? '나에게 일어난 일은 시차를 두고 누군가에게도 반드시 일어난다.' 어쩌면 누구나 다 겪는 그 평범한 이야기를 우리가 해야 하는 이유인지도 몰라요. 앞서 겪은 누군가가 책에 썼겠죠. 그럼 우린 그 이야기를 읽고 의미를 찾아야 해요. 그리고 다시 우리 이야기를 내어놓을 의무에 충실해야죠. 왜냐하면 누군가는 지금 우리가 경험하는 걸 나중에 똑같이 겪을 테니까요."

그녀는 내 말이 끝나자마자 또 다른 변명을 늘어놓았다. 자신에 관해서는 할 이야기가 없다고. 특별한 에피소드 하나 없는 인생이라고. 그러곤 아무렇지 않은 척 도돌이표를 그리며 맨 처음 이야기로 돌아갔다.

"나보다 잘 쓰는 사람들이 얼마나 많은데요…."

우리는 꼬리를 잡으려는 자와 잡히지 않으려는 자가 되어 돌고 또 돌았다.

"그럴 때 내가 쓰는 방법을 알려줄게요. 아주 재미없고 아주 허술해 보이는 책을 읽어요. 어딘가엔 나보다 글을 못 쓰는 사람이 한 명쯤 있구나, 그런데 그 사람은 이미 책을 냈구나. 그걸 확인하는 순간, 열정으로 들뜨게 되죠."

그녀의 눈빛이 한 번 더 흔들렸다. 다만 아까와 달리 실낱같은 희망 한 줌이 스쳐 지나갔다.

"그런 책이 있긴 있을까요?"

저는 후보 3번입니다만…

"그럼요. 멋진 책들만 읽다간 글 쓸 용기가 모두 증발해버리죠. 그러니까 이 사람보다는 잘 쓸 수 있겠다 싶은 책도 읽어야 해요. 물론 그 작가를 무시하라는 뜻은 아니에요. 우리가 쓴 책을 읽고 누군가도 용기를 얻을 테죠."

그녀의 작은 입술이 우물쭈물 다음 말을 찾고 있었다.

"솔직히 내 이야기를 글로 쓰기가 부끄러워요…."

맑은 빛의 진주가 짧은 순간 반짝였다.

"은유 작가의 책에 이런 말이 있더라고요. 부끄러움 총량의 법칙이 있을지도 모른다고. 그래서 왕창 부끄럽고 나면 한결 후련해지더라고. 자기 이야기를 하면 누구나 부끄럽죠. 하지만 부끄러움도 총량에 달하고 나면 아무렇지도 않아요. 그리고 누군가에게 내 어리석음을 알려줄 수 있으니 얼마나 좋아요? 앞으로 그들이 똑같은 경험을 한다면, 최소한 나 같은 어리석은 행동은 안 할 거잖아요."

그녀가 눈을 끔뻑였다. 그리고 물었다.

"글쓰기는 나를 위한 일 아닌가요?"

"맞죠. 근데 나를 위해 쓴다고 생각하면 쉽게 포기해버려요. 사명감이 없으니까요. 대신 앞으로 나와 같은 경험을 할 다른 사람들을 위해 쓴다고 생각해보세요. 그들을 돕기 위해 나의 어리석음을 기꺼이 내주는 일이잖아요. 블로그에 쓰는 글도 마찬가지예요. 당신이 소개해주는 책을 누군가 읽을지 몰라요. 또 누군가는 당신이 소개해주는 맛집에 가볼지도 모르죠. 무엇보다 당신의 경험을 통해 누군가 조금 더 지혜로워질지 몰라요. 이거 정말 신나는 일이지 않아요?"

그녀가 처음으로 웃었다.

"문학은 용기래요. 우리 삶도 마찬가지죠. 그러니 용기를 내서 글을 써보세요. 당신의 좋은 글이 누군가를 도울 거예요. 아무도 돕지 못하면 어떡하냐구요? 걱정 마세요. 적어도 당신 자신은 도울 테니까요."

그녀가 천천히 고개를 끄덕였다.

'자신을 드러내는 용기를 발휘해보자. 어쩌면 뜻하지 않은 신나는 경험을 하게 될지도 모른다.'

우연은 당신을 어디로 데려갔나요?

'삶의 묘미는 우연에서 시작된다'

"우연이 아닌 선택이 운명을 결정한다."
– 진 니데치(Jean Nidetch)

파스퇴르는 닭 콜레라를 연구하고 있었다. 가금류가 전염병으로 죽는 것을 막기 위해 백신을 만들고 싶었던 것이다.

그러던 어느 날, 그는 콜레라 배양액을 만들어둔 채 휴가를 떠났다. 물론 그의 조수에게 미리 말해둔 상태라 별다른 걱정은 하지 않았다. 그런데 조수 또한 휴가를 떠나면서 배양액을 그만 깜빡하고 말았다. 그렇게 배양액은 상온에 방치되었다.

파스퇴르는 한 달여의 시간이 흐른 후, 그 배양액을 닭들에게 주입해 보았다. 그런데 신기하게도 닭들이 죽지 않고 병에 걸리지도 않았다. 그 일을 계기로 아이디어를 얻은 파스퇴르는 새로 콜레라균을 만들 수 있었다. 그리고 이것이 백신의 발견으로 이어졌다.

그런가 하면 뉴욕 코넬 대학교에서 교수로 일하는 파인만도 멋진 우연을 만났다.

어느 날, 그는 학교 식당에서 밥을 먹다가 우연히 한 학생의 묘기를 구경했다. 학생이 접시를 뱅글뱅글 돌려 공중에 띄워 올린 순간이었다. 접시의 한쪽에 코넬 대학교의 문장이 적혀 있었기에 파인만은 그 문장을 보면서 회전과 떨림에 관해 생각했다. 곧 회전과 떨림 사이의 연관 관계를 연구하기 시작했고, 결국 전자의 회전에 관한 연구를 하게 되었다. 그리고 이 연구는 양자전지역학 연구로 이어지게 되었다. 그 후 그는 큰 성과를 얻어 노벨상을 수상했다.

나에게도 운명을 바꿀 만한 우연이 있다.

대학교 2학년 때였다. 어느 날, 학교 컴퓨터실에서 인터넷 채팅을 시작했다. 곧 채팅방에 여러 명이 들어와서 이런저런 이야기를 나누었다. 그런데 그중 한 명이 자신을 우리 학교 선배라고 소개하며, 지금 학교 근처에 있으니 자신이 있는 피자집으로 오면 피자를 사주겠다고 공언했다. 채팅방에 꽤 여러 명이 있었기에 다 함께 들떠 하는 분위기였다. 나는 친구와 곧장 약속 장소로 갔다. 그런데 도착하고 보니 예상외로 우리 둘밖에 오지 않아 서먹한 분위기 속에서 대화가 시작되었다.

이런저런 이야기 끝에 그는 자신이 현재 다니는 회사에서 내일까지만 일할 예정이라고 말했다. 그러면서 그 회사에서 아르바이트를 할 생각이 있다면 기꺼이 소개해주겠다는 말도 덧붙였다. 나는 마침 지루하던 차에 잘 됐다며 소개를 부탁했다. 그래서 다음 날부터 아르바이트를 하게 되었고, 졸업할 때까지 줄기차게 돈을 벌었다. 결국 그 돈으로 어학연수를 갔고, 그곳에서 지금의 남편을 만났다. 고향이 서로 달라 한국에서는 만날 일도 없던 우리가 왜 하필 먼 타국에서 만난 걸까?

그날 내가 채팅을 하지 않았다면, 그날 약속 장소에 가지 않았다면, 혹은 어학연수를 아예 가지 않았다면 과연 지금 어떤 모습으로 살고 있을까?

내가 남편에게 말했다.

"원래 계획대로 난 뉴질랜드로 갔어야 해! 그럼 당신을 만날 일도 없었을 텐데."

그 말에 남편이 바로 응수했다.

"그럼 나도 뉴질랜드로 갔겠지. 이건 운명이야!"

아! 내 운명은 그날 채팅부터 어긋난 것이었나?

'우연이 겹쳐 우리의 인생을 이끌고 있다. 그 안에서 나름의 의미를 찾아보는 건 어떨까?'

그녀는 왜 둘째만 보면 한숨을 쉴까?

'현명한 엄마는 나를 들여다보는 사람이다'

"무슨 일을 하더라도 자기 자신을 사랑하는 것으로부터
시작하라." - 니체(Friedrich Wilhelm Nietzsche)

오랜만에 만난 지인의 얼굴이 푸석했다. 기름기를 싹 걷어내고 일부러 주름을 그려 넣은 듯 몹시 지친 얼굴이었다. 이유인즉 한동안 불면증에 시달렸단다. 그런데 불면 자체보다 자신을 더 힘들게 하는 것이 있었다고 한다. 바로 그녀의 '생각 꼬리 물기'였다. 생각도 습관이라는데, 안타깝게도 그녀는 부정적인 생각 패턴을 가지고 있다. 그러니 온갖 상상의 나래를 펴며 부정적인 생각들을 밤새 이어갈 수밖에 없다. 그렇다고 모든 상황과 대상을 부정적으로 상상하느냐 하면 그건 아니다. 유독 자신의 둘째 아이에 관해서만 부정적인 상상을 한다.

우리의 대화는 무엇으로 시작하든 간에 결국엔 그녀의 둘째 이야기로 귀결된다. '다른 아이들은 문제가 없는데, 왜 둘째만 그런지 모르겠다. 행동도 과격하다. 동생을 괴롭힌다. 공부를 너무 싫어한

저는 후보 3번입니다만…

다. 머리도 나쁜 것 같다. 엄마 말을 듣지 않는다. 고집이 세다. 친구 관계도 원만하지 못하다.'

그녀의 불만을 나열해보면 둘째가 아주 형편없는 아이인 것만 같다. 그런데 실상 그렇지 않다. 다소 과격한 부분이 있긴 하지만, 문제가 될 정도는 아니다. 그런데도 그녀의 상상 속에서 둘째는 지금보다 더 형편없는 어른이 된다고 했다. 그 상상만 하면 가슴이 답답해서 더 잠이 안 온다고도 했다. 도대체 둘째가 저 모양인 이유가 무엇인 것 같냐고 내게 물을 때마다 나는 참 난감하다.

우리는 보통 아이의 장점은 자신을 닮았다고 생각하고, 부족한 점은 배우자를 닮았다고 생각한다. 혹은 아이의 성격이 본인 혹은 배우자를 닮아서 싫다, 좋다라고 느낀다.

정신과 전문의 양재진의《어쩌다 어른》에서 남편과 싸워 남편이 미울 때 아이도 똑같이 미우면 아이가 남편의 성격을 닮은 것이란다.

그렇다면 나를 닮았는지 여부는 어떻게 알 수 있을까?

열 손가락 깨물어 안 아픈 손가락 없다는 옛말에 대해 많은 엄마들은 이견이 있다고 말한다. 분명 '아픈' 손가락과 '덜 아픈' 손가락이 있다는 것이다. 특히 아이가 여러 명인 엄마의 경우엔 그 차이를 더 극명하게 느낀다고 한다. 자신의 아이 중에서 유독 신경이 쓰이고, 걱정이 되는 아이가 있을 수 있다. 그 아이를 볼 때마다 자신도 모르게 잔소리를 하고, 한숨을 쉴지도 모른다.

바로 그 아이야말로 엄마의 단점을 그대로 가지고 있는 경우가 많다. 내 성격 중에서 가장 마음에 안 드는 부분, 부단히 고치려고

노력했지만 아직도 그대로인 부분을 아이가 가지고 있다고 생각해
보자. 그리고 자꾸 내 눈앞에서 그 단점을 보여주고 있다고 해보자.
절로 한숨이 나오고 시선을 회피하고 싶지 않을까?

지인의 질문에 내가 차마 대답하지 못한 이유도 같은 맥락이다.
그녀의 둘째는 그녀와 아주 비슷하다. 표면적으로 드러나는 행동
이 아니라, 내재된 '불안'이 똑같다. 그녀는 불안을 속으로 삭이는
스타일이다. 그에 반해 그녀의 둘째는 불안을 밖으로 표출한다. 물
론 그녀가 야단을 치기도 하고, 감싸 안아보기도 하지만 아이의 행
동에는 변함이 없다.

매번 그녀를 만날 때마다 나는 말해주고 싶다.

'엄마 본인의 불안을 다스려보라고. 아이의 문제 행동은 잠시 놔
두고, 엄마 스스로가 무엇 때문에 그렇게 불안한지 그 마음을 보듬
어보라고. 그리고 스스로를 더 사랑해주라고. 그렇게 하고 나면, 아
이의 불안도 온전히 보이지 않겠냐고.'

하지만 차마 이 말을 꺼내진 못했다. 그녀가 타인의 조언에 관대
하지 않다는 걸 경험을 통해 이미 알고 있기 때문이다.

이런 감정의 찌꺼기가 쌓여갈수록 그녀를 만나는 횟수가 줄어들
었다. 하지만 그녀 덕분에 약간의 수확도 있었다. 과연 나는 우리
아이의 어떤 행동을 못 견디는지, 어떤 상황에서 화를 내는지 가늠
해보게 된 것이다.

그러고 보니 나 또한 아이의 '불안'을 목격한 순간, 심리적으로
크게 동요하는 경향이 있었다. 내 안에 차고 넘치는 불안을 아이에

게서 발견하는 것은 꽤나 고통스러운 일이다. 아이의 불안이 내 불안을 자극하고, 내 불안이 다시 아이의 불안을 자극하는 악순환이 계속되기 때문이다.

그래도 일단 인식하고 나면, 내가 내 불안을 다스릴 수 있게 된다. 감정의 동요가 일어나기 시작하면 스스로에게 묻는다.

'나는 지금 왜 불편하지? 이 상황이 내 불안을 자극하는 건가?'

그러면 생각이 열려서 스스로 답을 찾을 수 있게 된다. 대부분의 경우, 내 안의 불안이 크게 출렁거려서 생긴 일이란 걸 이해하게 된다.

아이를 키우는 일은 '나'를 들여다보는 일이기도 하다. 아이의 말과 행동이 나를 자극할 때, 나의 취약한 부분이 가장 먼저 동요한다. 그럴 때마다 그 동요를 내버려 둔다면, 아이와의 관계는 그리 행복하지 않을 것이다. 그래서 나는 아이의 행동을 바로잡기보다 우선 내 마음을 보듬기로 했다.

길다면 긴 육아의 시간, 그 기간에 우리가 키울 건 아이들만은 아닌 것 같다. 아이들을 키우며 동시에 '나'를 키우는 시간이 된다면 더없이 좋지 않을까? 아이의 말과 행동을 참을 수 없다면, 그 이유를 엄마 내면에서 찾아보는 건 어떨까? 그러다 보면 육아를 통해 엄마도 한층 성장하는 경험을 할 수 있지 않을까?

'아이를 키우면서 늘 잊지 않아야 할 한 가지는 바로 '나'를 들여다보는 것이다!'

반복은 최면이다

'창의적인 사람은 반복을 지속하는 사람이다'

"성공은 매일 반복한 작은 노력들의 합이다."

– 로버트 콜리어(Robert Collie)

우리는 흔히 창조적인 일을 하는 사람들은 불규칙하게 살 것이라 막연히 생각한다. 한마디로 영감이 왔을 때 작업을 시작하고, 영감이 사라지면 작업에서 멀어지는 생활 말이다. 그리고 그들은 즉흥적으로 여행을 떠나서 영감을 찾아 돌아올 것 같고, 영감이 떠오르기만 하면 한밤중이라도 벌떡 일어나 작업을 할 것만 같다.

하지만 현실은 그렇지 않다. 유명한 예술가들의 작업 습관을 연구해보면 사무직 회사원의 모습과 흡사하다.

알려진 바와 같이 무라카미 하루키는 소설을 집필할 때 새벽 4시에 일어나 5~6시간 작업에만 몰입한다. 오후에는 운동과 독서, 음악 감상을 한다. 밤 9시 혹은 늦어도 10시까지는 잠자리에 들고, 소설이 마무리되는 시점까지 이 과정을 똑같이 반복한다.

그는 자신의 작업 스타일을 이렇게 말했다.

저는 후보 3번입니다만…

"나는 매일 어김없이 이 일정을 지킨다. 그러다 보면 반복 그 자체가 중요해진다. 반복은 일종의 최면이다. 나는 반복 과정에서 최면에 걸린 듯 더 심원한 정신 상태에 이른다."

나를 비롯한 많은 사람이 반복되는 일상에 지친다. 하지만 '반복은 일종의 최면이다.'라는 말을 곱씹어보자. 무언가를 반복하다 보면 무의식적으로 하게 된다. 이는 습관이 되어 나도 모르게 몸과 마음이 그 방향으로 향한다는 뜻이다. 그 상태는 흡사 최면에 걸린 것과 엇비슷하다.

나만 하더라도 아침 일정을 마치고 운동을 한 다음에 정신을 차려보면 어느새 컴퓨터 앞에 앉아있다. '글을 쓸까? 말까? 오늘은 쉴까?'라는 생각 자체를 하지 않는다. 이미 최면 상태에 빠져 컴퓨터와 대면하고 있어 그런 생각 자체가 무의미하다. 그리고 강력한 최면이 내게 지속적으로 속삭인다.

'나는 글을 쓰는 사람이다.'

무라카미 하루키 외에도 많은 예술가들이 반복이라는 최면에 자발적으로 빠져든다.

토마스 만은 아침 8시에 기상하고 9시부터 서재 문을 닫고 작업을 시작했다. 손님은 물론 전화 연락도 모두 거부한 채 오직 집필에만 몰입했고, 그는 주말은 물론 휴가 때에도 이 패턴을 그대로 유지한 것으로 전해진다.

그런가 하면 찰스 디킨스도 비슷하다. 그는 7시에 기상해 9시에 책상에 앉았다. 그리고 오후 2시까지 자리에서 일어나지 않고 작업

하는 것을 원칙으로 삼았다. 심지어 어떤 발상도 떠오르지 않는 날에도 이 규칙을 엄격하게 지켰다.

그의 동생이 형의 작업을 보고 이렇게 말했다.

"시청 공무원도 이보다 더 규칙적이거나 꼼꼼하지 않았다. 상상과 공상의 세계를 그리면서도 시간을 엄수했고, 기계처럼 규칙적으로 행동했다. 단조롭고 따분한 틀에 박힌 일을 하는 사람도 이보다 더 정확할 수는 없었다."

메이슨 커리는 《리추얼》에서 창조적인 일을 하는 160명의 작업 습관을 밝혔다. 한 마디로 그들은 뇌를 활성화하기 위해 자신만의 반복된 작업 습관을 유지한다는 것이다.

이 반복된 작업 습관을 가지면 어떤 점이 좋을까?

매일 같은 일을 반복하면 미루는 습관이 사라진다. 뿐만 아니라 외부의 자극과 감정에 의해서 작업 스케줄이 바뀌는 일 없이, 그저 자신만의 일정한 리듬에 맞춰 작업을 진행하게 된다. 또 그 속에서 뇌는 늘 작업을 위해 활성화되어 있기에 작업 속도가 빨라진다.

반복되는 생활 때문에 창의성이 발현되지 않는다고 말하지 말자. 역설적이게도 창의성은 반복 작업을 통해서만 성장하기 때문이다. 그러니 우리가 창의성을 발휘하고 싶을 때 필요한 것은 지루한 반복과 그 반복을 이겨낼 인내력, 그리고 그 반복을 통한 '자발적 자기 최면'일 것이다. 이 말은 결국 기꺼이 자기 최면에 들어 반복을 하고자 하는 사람이라면 누구나 창조적인 일을 할 수 있다는 뜻이다. 그러니 타고난 재능과 영감 대신 반복의 힘을 믿어보는 건 어떨까?

'반복의 힘을 믿고 꾸준히 해보자! 창의성은 반복 작업을 할 때 성장한다!'

운동도 하고 용돈도 받고

'영리한 프레임을 설정하는 사람이 탁월한 사람이다'

"성공의 비결이란 타인의 관점을 잘 포착하여 자신의 입장에서
사물을 볼 줄 아는 재능이다." - 헨리 포드(Henry Ford)

"너 운동도 하고 용돈도 받으면 어떨 것 같아?"

내가 아이에게 물었다.

"좋지! 내가 운동하면 엄마가 용돈을 준다는 거지?"

아이가 눈을 반짝였다.

"응. 대신 엄마가 다리 운동을 요청하면 다리 운동을, 팔 운동을
요청하면 팔 운동을 하는 거야. 어때?"

아이 얼굴에 웃음이 들어찼다.

나는 과연 언제 아이에게 운동을 요청할까?

《넛지》라는 책에 선택과 관련한 이야기가 나온다.

우리가 수술을 할지 말지 결정할 때, 의사 두 명에게 각각 설명
을 듣는다고 해보자.

저는 후보 3번입니다만…

첫 번째 의사가 말한다.

"그 수술을 받은 100명 중에 90명이 5년 후에도 생존했습니다."

이어서 두 번째 의사가 말한다.

"그 수술을 받은 100명 중 10명이 5년 안에 사망했습니다."

사실 두 의사의 말은 똑같다. 단지 프레임만 바꾸었을 뿐이다. 이는 동일한 사실일지라도 프레임을 어떻게 설정하느냐에 따라서 얼마든지 다른 선택을 유도할 수 있다는 것을 의미한다.

그런가 하면 회사에서 '개인'을 변화시키고자 할 때, 실수로 '회사 프레임'을 사용하면 안 된다는 것을 단적으로 보여주는 예시가 있다.

어느 날, 회사 임원이 직원들에게 말했다.

"우리 회사는 올해부터 20퍼센트 비용 절감을 해야 합니다. 물론 어렵고 힘든 일입니다. 하지만 이 목표를 달성하면 우리 회사가 한층 경쟁력 있는 회사로 거듭날 것입니다. 협조해 주십시오."

이 말이 과연 직원들의 의욕을 끌어낼 수 있었을까?

한 직원이 심각한 표정으로 아내에게 말했다.

"회사가 어려운가 봐. 회사를 관둘 수도 있을 것 같아."

그야말로 포인트가 완벽하게 어긋난 경우라고 할 수 있다. 따라서 '개인'을 변화시키고자 한다면, '개인 맞춤 프레임'을 설정해야 효과가 있다는 것이다. 만약 20퍼센트 비용 절감을 통해 개인이 얻을 수 있는 이익을 설명했다면, 결과는 확연히 다르지 않았을까?

《마인드웨어》라는 책에 이런 이야기가 나온다.

첫 번째 수도사가 수도원장에게 물었다.

"기도할 때 담배를 피워도 되나요?"

수도원장의 반응이 어땠을까?

"그걸 말이라고 하나? 그건 신성모독이야!"라며 크게 화를 냈다.

두 번째 수도사가 물었다.

"담배를 피울 때 기도를 해도 되나요?"

수도원장이 이번에도 화를 냈을까?

"물론이지. 하느님은 언제든지 우리 말을 듣기 원하신다네."

담배와 기도를 동시에 한다는 면에서 두 질문은 동일하다. 그런데도 두 번째 수도사가 프레임을 현명하게 설정했다는 것을 알 수 있다.

"자! 다리 운동할 시간이야!"

내가 세탁기에서 빨래를 꺼내며 아이에게 말했다. 아이 눈이 동그래졌다.

"다리 운동은 언제 해?"

"지금! 빨래를 발코니로 옮기는 게 다리 운동이야! 그저 빨래를 들고 다리만 움직이면 되는 거니까."

아이가 억울하다는 표정으로 날 쳐다봤다. 하지만 곧 다리를 잽싸게 움직여서 빨래를 옮기기 시작했다.

잠시 후, 내가 또 다시 아이를 불렀다.

"자! 팔 운동할 시간이야!"

앞에 놓인 손걸레를 보고 아이는 금세 눈치 챈 모양이었다. 손걸레를 세차게 움직여 여기저기 먼지를 닦기 시작했다.

"얼마나 좋니? 운동도 하고 용돈도 받고. 이렇게 쉬운 일 있으면 나와보라고 해!"

내 말에 아이가 어이없다는 듯 피식 웃었다.

<u>조금 생각을 바꾸기만 해도 그럴듯한 프레임을 설정할 수 있다는 사실을 잊지 말자.</u> 우리 아이는 지금도 '운동'을 하고 용돈을 받고 있다.

'프레임을 현명하게 설정하는 것만으로도 탁월한 결과를 얻을 수 있다.'

당신의 원석은 안녕하신가요?

'원석을 제대로 다듬어야 나다운 사람이 된다'

"본래의 자신을 지키면서 자기 속에 타인의 존재를
조금도 인식하지 않는 사람이야말로 훌륭한 사람이다."

– 랄프 왈도 에머슨(Ralph Waldo Emerson)

장강명 작가는 원래 사회 정치 분야 기자였다. 사실을 전달하기
위해 딱딱한 기사만 쓰던 그에게 간절한 바람이 하나 있었다. 바로
소설가가 되는 것! 하지만 그렇다고 당장 직장을 관두고 전업 작가
가 되기엔 감수해야 할 것이 너무 많았기에, 그는 틈틈이 소설을 쓰
며 꿈을 키워가기로 했다.

소설에 대한 갈증이 그의 속을 꽉 채운 어느 날, 그는 퇴근 후에
소설 도입부를 미친 듯이 써 내려갔다. 얼마나 몰입했던지 새벽이
되었는데도 전혀 피곤하지 않았고, 오히려 해갈의 즐거움과 해방
의 들뜸을 느꼈다고 한다.

장강명 작가처럼 다른 직업을 가졌던 작가가 많다.

우선 추리소설의 여왕 애거사 크리스티는 평범한 주부였다. 제

1차 세계대전에 남편이 참전하면서 그녀 또한 간호사로 지원하게 되었고, 병원에서 일하면서 각종 약과 독극물을 알게 되어 추리소설을 위한 밑거름을 마련했다.

그녀의 작품은 전 세계에 40억 부가 넘게 팔렸고, 이는 세익스피어의 작품과 성경에 이은 놀랄만한 기록이라고 한다.

그런가 하면 《회색 인간》을 쓴 김동식 작가는 특이한 이력으로 유명하다.

그는 중학교 중퇴 후에 주물공장에서 일했다. 그러다 우연히 한 인터넷 게시판에 올라온 글들을 구경하기 시작했다. 흥미로운 글을 쓰는 사람이 많았고, 그들에게 찬사와 격려를 보내는 이도 많았다.

어느 날, 그는 호기심에 직접 글을 올려보았다. 그러자 그의 부족한 맞춤법과 문맥을 고쳐주려는 댓글이 우르르 달리기 시작했다. 더불어 그의 글에 감탄하는 이들도 점점 늘어갔다. 덕분에 그는 글 쓰는 재미에 푹 빠졌고, 결국 소설가가 되었다.

사회평론가 김민섭은 그를 일컬어서 '110년의 시간을 돌아볼 때 앞으로 신소설의 작가로 이름을 남길 것이다.'라며 극찬했다. 또한 한국출판마케팅연구소장은 그의 소설을 이렇게 표현했다.

"이 소설은 그림이 없는 만화 같기도 합니다. 설명도 묘사도 없이 그냥 한 줄씩 툭툭 던지는 거죠. 이 이야기는 근대 문학의 가치와 형식을 모두 무시하는 글인데, 읽고 나면 뒤통수를 맞은 것 같은 반전이 있습니다."

김동식 작가는 글쓰기를 배워본 적이 없다. 어쩌면 그 때문에 그의 글이 특별한지도 모른다.

어느 편집자께서 내게 조언을 해 주신 적이 있다.

"동화 창작 수업이나 글쓰기 수업을 들어보는 게 어때요? 잘 다듬으면 좋은 글을 쓸 수 있을 것 같아서요."

당시 집 주변에 글쓰기 강좌가 없다는 핑계를 대긴 했지만, 사실 나는 글쓰기를 배운다는 것에 약간 반감이 있다. 개개인이 '원석'이라면 그 원석을 다듬어 나가는 것 또한 개인의 몫이라고 생각하기 때문이다. 그러니 누군가의 도움으로 글을 다듬다 보면 본래 내가 가진 원석의 빛깔을 잃어버리지는 않을까 하는 걱정이 앞선다.

나의 이런 생각은 대학생 때 경험 때문인지도 모른다. 신입생 때 나는 '시 쓰기' 써클에 가입하기 위해 써클방을 찾아갔다. 당시 나는 즐겁게 시를 쓰는 상상을 하곤 했기에 기대에 한껏 부풀어 있었다. 그런데 '시 쓰기' 써클 선배의 첫마디에 기대가 무참히 무너지고 말았다.

"우리 써클은 일단 시를 쓰면 그걸 도마 위에 올려놔. 그러곤 아주 작은 조각으로 칼질을 해서 집요하게 비평을 하지. 그럴 때마다 여러 명이 울면서 뛰쳐나가곤 해. 시를 완전히 해체하는 건 물론이고, 신랄한 비평을 견뎌낼 수 있다면 가입해도 좋아. 어때? 자신 있어?"

지금 생각하면 그저 순진한 새내기를 골탕 먹이려는 심산이었음이 분명하다. 하지만 두 손으로 도마와 칼을 만들어 낄낄거리며 칼

저는 후보 3번입니다만…

질하는 시늉을 하던 선배가 나는 참 못마땅했다. 그래서 결국 써클 가입을 포기하고 말았다.

글쓰기에 관심이 있는 사람이라면 필연적으로 '목마름'도 가지고 있는 법이다. 그 목마름을 해결할 요량으로 글쓰기 강좌를 기웃거리며 '특급 비밀'을 얻고자 하지만, 실상 우리에게 훨씬 중요한 건 경험과 생각, 그리고 실천이지 않을까 싶다.

그러니 우리가 가진 원석의 빛깔을 그대로 유지하면서 스스로 이런저런 방법으로 다듬어 보는 건 어떨까? 그러다 보면 언젠가 '나만의 멋스런 글'이 완성되지 않을까?

'타고난 원석의 힘을 믿어보자. 그 빛깔을 유지하며 스스로 다듬다 보면 언젠가 우리도 멋진 보석이 되지 않을까?'

당신은 좋은 부모인가요?

'현명한 부모는 아이를 독립된 인간으로 바라본다'

"교육은 많은 책을 필요로 하고 지혜는 많은
시간을 필요로 한다." - 톨스토이(Tolstoy)

비가 부슬부슬 내리는 날이었다. 커다란 저택 앞에 한 남자가 나타났다. 그는 두 아이의 손을 잡고 초라하게 서서 초인종을 눌렀다. 그러자 수위가 나와서 말했다.

"주인님은 작업 중입니다. 오늘 만나실 수 없습니다."

남자는 아이들과 함께 비를 맞으면 발길을 돌렸다. 그런데 놀라운 사실은 저택의 주인이 남자의 아버지라는 것이었다.

아버지는 아들을 '소유물'처럼 생각했다. 모든 것을 자기 뜻대로 이끌었고, 아들은 어떤 것도 선택할 수 없었다. 그래서 평생 무기력하게 술에 빠져 살았고, 변변한 직업도 없었다. 아버지에게서 당당히 독립할 만도 한데, 그는 끝내 아버지에게 종속되어 살다 죽음을 맞았다.

저택의 주인이자 남자의 아버지는 '파블로 피카소'다. 대단한 미

저는 후보 3번입니다만…

술 작품들을 남긴 그였지만, 자식 농사만큼은 완전히 실패한 것으로 알려져 있다.

그에 관한 이야기를 읽다가 나도 모르게 뜨끔했던 기억이 떠올랐다.

"어떤 색깔 고를 거야?"

"이거! 아니야! 저거! 아니! 아까 그거!"

고작 머리핀 하나를 사는데 지인의 아이는 몇 번이나 선택을 번복하고 있었다. 지인은 아이에게 웃어주진 않았지만 그렇다고 화를 내지도 않았다. 그냥 입을 꾹 닫고 묵묵히 아이를 기다려줄 뿐이었다. 나는 지인의 그런 인내심이 조금 답답하게 느껴졌다.

우리 아이가 어릴 적에 나는 아이 물건을 살 때 아이 의견을 거의 묻지 않았다. 드물게 아이가 고를 때도 있었지만, 빨리 고르지 않으면 성격 급한 내가 기회를 낚아채 버리곤 했다. 사실 처음에는 무엇이 잘못되었는지조차 인식하지 못했다. 별것도 아닌 물건을 고르는데 시간을 낭비하는 것은 한마디로 비효율적이라고만 생각했다.

그런데 어느 날, 아이가 잘 놀고 집에 와서 속상함을 토로했다. 간식을 고를 때 친구들은 모두 자신이 좋아하는 색깔 음식을 골랐는데, 자신은 고를 기회가 없었다고 했다. 게다가 이번에도 엄마가 자신을 대신해 선택해버린 것이 영 못마땅하다는 말도 덧붙였다

"그럼 네가 빨리 골랐으면 됐을 거 아냐! 계속 우물쭈물하고 있으니까 엄마가 답답해서 아무거나 준 거잖아."

"엄마가 그럴 기회를 한 번도 안 줬잖아!"

아이가 참고 참은 한마디를 내뱉었다.

나는 그때 처음으로 깨달았다. 내가 어릴 적에 무언가를 선택해본 적이 거의 없다는 사실을. 어려운 형편 탓에 주어지는 것이 몇가지 되지 않았고, 그 때문에 그저 주어진 것 외에는 욕심조차 내지 않고 살았다. 그래서 그런지 나는 선택이 주어진다는 것은 물론, 선택을 제공한다는 것에도 익숙치 않았다. 결국 우리 아이는 부족한 엄마 때문에 선택의 기회를 얻지 못해 매번 속이 상했던 것이다.

나는 아이에게 진심으로 사과했다. 그리고 그때부터 아이가 고를동안 그저 묵묵히 기다려주는 인내심을 발휘하고 있다.

가끔은 아이 눈으로 엄마인 나를 바라본다. 그리고 아이에게 물어본다. 내가 괜찮은 엄마인지를. 날 닮아서 쓴소리도 잘하는 우리아이는 이성적이고 냉정한 평가를 해준다. 그러면 나는 아이의 평가를 참고해 단점은 고치고 장점은 유지하도록 노력한다.

우리는 흔히 부모가 아이를 평가하는 것을 아주 당연한 것으로 생각한다. 그렇다면 같은 이치로 아이도 부모를 주기적으로 평가해야 하지 않을까?

아이는 부모의 소유물이 아니다. 엄마 몸을 빌려 태어났지만, 결국 독립적으로 삶을 개척해나갈 인격체다. 그러므로 피카소처럼 자녀의 삶을 장악하지 않도록 늘 조심해야 하지 않을까? 만약 피카소가 자녀의 평가를 단 한번이라도 받아보았다면 어땠을까? 그래도 여전히 비정한 아버지였을까?

자녀를 평가하고 싶은 마음이 불끈 솟는다면 주저하지 말고 우

저는 후보 3번입니다만…

리 아이들에게 먼저 물어보자.

"엄마는 좋은 엄마니?"

"아빠는 좋은 아빠니?"

'아이는 부모의 소유물이 아닌, 독립된 인격체임을 잊지 말자!'

새마을운동 모자 할아버지의 비법

'글 잘 쓰는 사람은 세 가지 비법을 기억한다'

"글을 쓰기 전에는 항상 내 앞에 마주 앉은 누군가에게
이야기를 해주는 것이라고 상상해라. 그리고 그 사람이 지루해
자리를 뜨지 않도록 설명해라." - 제임스 패터슨(James Patterson)

나는 평소에 말을 많이 하지 않는다. 할 이야기는 물론, 해야 할
이야기도 많지 않기 때문이다. 모임에 나가서도 주도적으로 말하기
보다 다른 사람들의 이야기를 가만히 듣는 편이다.

그런데 내가 유일하게 말을 많이 하는 경우가 있다. 바로 남편
과 싸울 때다!

남편은 싸울 때마다 입을 꾹 닫는 스타일인 반면, 나는 화가 날수
록 더 입을 연다. 그리고 논리적이고 집요하게 하나씩 짚어간다. 남
편이 현상적인 것, 혹은 부차적인 것에 관해 길게 말할수록 나는 알
맹이와 본질적인 것에만 충실하자고 일축한다.

그러던 어느 날 문득 궁금해졌다.

'나는 왜 싸울 때만 말이 많아지는 걸까?'

저는 후보 3번입니다만…

평소에는 길게 말하는 것 자체를 귀찮아하면서 말이다.

나의 결론은 이렇다.

기본적으로 나는 주제가 명확한 이야기를 좋아한다. 가만히 살펴보면 싸움도 명확한 이야기다. 싸우는 이유와 동기, 의견 차이 등 주제가 아주 뚜렷하다.

그리고 나는 목적 지향적인 활동을 선호한다. 싸움 자체보다 싸움을 통해서 얻을 것에 더 집중하는 것이다. 물론 싸움 때문에 감정의 골이 깊어지는 부작용도 있지만, 싸움은 상대의 의식 흐름을 명확하게 볼 수 있는 절호의 찬스이기도 하다. 어디 그뿐인가? 감정적으로 동요하는 와중에 평소에는 찾아볼 수 없던 무서운 집중력도 발휘할 수 있다.

언젠가 '말하기 기술'에 관한 이야기를 책에서 읽은 적이 있다.

《당신의 말》이라는 책에 시골 할아버지 에피소드가 나온다. 아주 공감 가는 내용이라 읽으면서 나 혼자 얼마나 웃었는지 모른다. 많은 사람들이 시간과 돈을 들여서 배우는 '말 잘하기' 비법을 공짜로 가르쳐준 할아버지 이야기였는데 상황을 상상하니 절로 웃음이 터져 나왔다.

어느 날, 저자가 시골에 가서 볼일을 보고 버스를 기다리는 중이었다. 인적이 드문 곳에서 한 시간에 한 대 오는 버스를 기다리는 일은 심심하고 지루하기만 했다.

잠시 후, 새마을운동 모자를 쓴 꼬부랑 할아버지가 평상에 앉았다. 손에는 삶은 계란과 사이다 한 캔이 들려있었다. 천천히 계란 껍

질을 까던 할아버지가 넌지시 말을 던졌다. 대상을 특정하지 않은 말이 날아들자 저자의 고민이 시작되었다. 할아버지는 날씨가 얼마나 더운지에 관해 이야기하다가 불현듯 시끄럽게 짖어대는 강아지 이야기로 옮겨가며 능청스럽게 화제를 전환하는 기술을 구사했다. 혼잣말인 듯 대화인 듯한 할아버지 말이 길어지자 저자는 갈림길에 놓였다. 반응을 해야 하나 안 해야 하나를 두고 잠시 고심한 것이다.

만약 못 들은 척 시치미를 뚝 떼고 있으면 어떻게 될까? 젊은 사람이 버르장머리가 없다고 쓴소리를 들을 것이다.

그렇다면 가볍게 맞장구를 치면 될까? 아마 소소한 대화 몇 마디를 주고받다 자연스럽게 대화가 끝날 것이다.

저자는 어쩔 수 없이 가볍게 대답하는 쪽을 선택했다. 과연 그 다음은 어떻게 되었을까?

할아버지는 그야말로 신명이 나서 말을 쏟아내기 시작했다. 버스가 오기 전까지는 절대 끊을 수 없는 말이 이어져 저자는 참 신기하더란다. 도대체 처음 보는 젊은이에게 이토록 청산유수처럼 말을 잘할 수 있는 할아버지의 비법은 무엇일까?

그는 새마을운동 모자 할아버지의 말 잘하는 비법을 이렇게 요약했다.

첫째, 할아버지는 말하고자 하는 동기가 뚜렷했다.

동네에는 젊은이가 없다. 웬만해선 만나기 어려운 젊은이를 만났으니 어른으로서 특별히 '젊은이'에게 해주고 싶은 말이 많았을 테고, 그 확실한 동기로 인해 할 말이 넘쳐났던 것이다.

저는 후보 3번입니다만…

둘째, 할아버지는 하고 싶은 말이 명확했다.

할아버지가 하고 싶은 이야기는 처음부터 끝까지 다 본인 이야기였다.

셋째, 할아버지는 무서운 집중력을 보였다.

저자가 듣다가 너무 지쳐서 할아버지의 일정을 상기시켰더니, 그건 중요하지 않다며 본래 하던 말씀으로 홀연히 돌아가더란다. 이야기의 주제가 방대하고, 진행 시간이 길어질수록 엉뚱한 길로 빠질 가능성도 함께 높아지는 법인데, 할아버지의 집중력은 전혀 흐트러지지 않았다.

그러다 저자가 기다리던 버스가 도착하고서야 할아버지가 아쉽게 이야기를 끝내셨단다.

새마을운동 모자 할아버지의 비법이 중요한 이유는 그것이 비단 말하기에만 국한되지 않기 때문이다. 글쓰기에도 세 가지 비법을 그대로 적용할 수 있다. 확고한 동기, 명확한 콘텐츠, 놀라운 집중력!

우선 글을 쓸 때는 동기가 분명해야 한다. 일기처럼 내 이야기를 기록하는 것인지, 아니면 누군가에게 내 생각을 전달할 목적인지 말이다.

두 번째, 명확한 콘텐츠! 처음부터 끝까지 일관된 콘텐츠를 유지하는 것이 좋다. 그래야 통일성이 있고, 글이 산으로 가는 사고도 예방할 수 있다.

마지막으로 놀라운 집중력! 동기와 콘텐츠를 정했다면, 이제 집중력을 발휘해 달려야 한다. 실컷 동기와 콘텐츠를 정하고도 집중력을 발휘하지 못하면, 완주의 영광을 누릴 수 없기 때문이다.

나는 고작 싸울 때만 청산유수가 되는데, 새마을운동 모자 할아버지는 유창한 언변이 생활이라니 놀라울 따름이다. 그러니 할아버지의 세 가지 비법을 꼭 기억하자. 그러면 우리도 언젠가 말과 글에 탁월해지지 않을까?

확고한 동기! 명확한 콘텐츠! 놀라운 집중력!

'잊지 말자! 말하기와 글쓰기의 세 가지 비법!
확고한 동기, 명확한 콘텐츠, 놀라운 집중력!'

당신의 마지막은?

'동사적 삶을 사는 사람은 후회하지 않는다'

"사람이 인생에서 가장 후회하는 어리석은 행동은 기회가 있을 때
저지르지 않은 행동이다." - 헬렌 롤랜드(Helen Rowland)

오랜만에 만난 지인과 이런저런 이야기를 나누다가 문득 그녀
가 말했다.

"난 오래 살고 싶지 않아. 짧게 살다가 죽고 싶어."

내가 깜짝 놀라 물었다.

"왜요? 나는 건강하다는 전제하에 120살, 아니 130살이 되도록
살고 싶은데요."

"그렇게 오래 살아서 뭐하게?"

"재미있잖아요. 난 아직 궁금한 것도 많고, 가보고 싶은 곳, 먹고
싶은 것도 많은걸요. 그냥 죽긴 아깝잖아요."

내 말에 그녀의 눈빛이 희미해졌다. 그녀에게 삶은 그리 흥미진
진한 것이 아닌 걸까?

카네기멜런 대학교의 랜디 포시 교수의 '마지막 강의' 영상을 본

적이 있다. 그는 죽음을 앞둔 사람이었지만, 전혀 아파 보이지 않았다. 그리고 누구보다 담담하게 다가올 죽음에 관해 이야기했다.

누구나 생의 마지막에 이르면 가장 소중한 존재를 떠올린다. 그에게는 세 아이가 있었다. 자신이 떠난 후, 아이들이 볼 강의가 있으면 좋겠다는 생각으로 마지막 강의를 계획했고, 아이들에게 이런 말을 남겼다.

"내 생각에 부모의 임무란, 아이들이 일생 동안 즐겁게 할 수 있는 일을 찾고 그 꿈을 열정적으로 꿀 수 있도록 격려하는 것이다. 나는 너희가 꿈의 성취로 가는 자기만의 길을 발견하기를 원한다. 그리고 나는 여기에 없을 것이므로 한 가지 분명히 해 두고 싶다. 얘들아, 내가 너희에게 무엇이 되기를 바랐는지 알려고 하지 마라. 나는 너희가 되고 싶은 것이라면 그게 무엇이든, 바로 그것을 이루기를 바랄 뿐이다."

그가 아이들에게 전한 이 메시지는 비단 그의 가족뿐만 아니라, 모든 부모에게 큰 깨달음을 준다. 어떤 조건도 없이 그저 아이들을 지지하고 믿어주는 것, 그리하여 아이들이 진짜 자기 삶을 살 수 있도록 해주는 것이 부모의 역할이니까 말이다.

강의의 마지막에 그는 아내를 무대로 불러 진하게 포옹을 나누었다. 그때 아내가 속삭였단다.

"제발 죽지 말아요…."

남겨진 가족에게 죽음은 고통스럽고 야속하다. 하지만 누군가는 말한다. 죽음 덕분에 삶을 생각하게 되었다고.

그런가 하면 《모리와 함께 한 화요일》의 모리 슈워츠 교수는 루게릭 병에 걸려 죽음에 다가갔다. 매주 화요일에 저자와 나눈 이야기 속에는 다양한 주제가 등장한다. 이를 한 마디로 요약하자면 '한 인간이 서서히 죽음으로 걸어 들어갈 때의 의식 변화'가 아닐까?

한 번은 모리 교수에게 만약 딱 하루 건강한 몸으로 돌아간다면 무엇을 하고 싶은지 물었다.

"아침에 일어나 가벼운 운동을 하고 스위트롤 빵과 차로 멋진 아침 식사를 한 다음 수영을 하러 가겠어. 그 다음에는 친구들과 맛 좋은 점심 식사를 함께 하고 산책을 나가는 거지. 꽃 향기도 맡고 나무도 보고 새 소리도 들으면서 자연 속에 마음껏 파묻히겠네. 저녁에는 단골 레스토랑에 가서 스파게티를 먹은 다음 음악을 들으며 춤을 추고 싶네. 그리고 집에 와서 달콤한 잠을 자는 거야."

그가 꿈꾸는 단 하루에는 삶을 풍요롭게 만드는 모든 요소가 다 들어있다. 그 모든 것을 누리고 있는 우리는 과연 온전히 생에 감사하며 살고 있는 걸까?

어떤 모습으로 죽을지 진지하게 고민해본 사람은 어떻게 살아갈지 또한 깊게 숙고해보았을 것이다. 그리고 내가 원하는 것이 무엇인지, 하고 싶은 것이 무엇인지 깨달았다면, 하루를 충실히 살아가기도 훨씬 쉬울 것만 같다.

누구나 죽음을 앞두고는 무엇을 해서 후회하기보다 무엇을 하지 않아서 후회한다. 나이 지긋한 어른들이 20대로 돌아간다면 해보고 싶은 일이 참 많다고 말하는 것처럼 말이다. 노년이 되기 전에, 그리고 죽음에 이르기 전에, 그 일들을 해보면 어떨까? 만약 그렇게 원 없이 해본다면 죽음이 애석하고, 원통한 그 무엇이 될 일은 없지 않을까?

소설가 김연수 작가의 책에서 이런 내용을 읽은 적이 있다.

자신은 부단히 '소설가'가 되려고 노력해 왔는데, 지나고 보니 '명사'가 될 필요가 없었다고. 혼자서라도 소설을 쓰면 되는 거였다고. 명사 대신 동사적 삶, 그러니까 자신이 원하는 방향으로 나아가기 위해 부단히 무엇가를 하는 편이 훨씬 낫다고 했다.

평생 글을 써온 사람에게 마지막에 무엇을 하며 죽고 싶으냐 물으면, 그들은 모두 같은 대답을 할 것이다.

'글을 쓰며 죽고 싶어요.'

노래를 부르는 것에 행복을 느끼는 사람은 '노래를 부르며', 춤추는 것이 행복한 사람은 '춤을 추며' 생을 마무리하고 싶지 않을까?

나는 무엇을 하며 죽고 싶을까?

'마지막 순간에 후회하지 않기 위해선 동사적 삶을 살아야 한다. 지금 당장, 마지막 순간에 하고 싶은 그것을 해보는게 어떨까?'

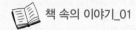

'타인과 연결되기 위해선
작은 호의 하나면 충분하다'

> "당신이 행한 봉사에 대해서는 말을 아껴라.
> 허나 당신이 받았던 호의들에 대해서는 이야기하라!"
> – 세네카(Seneca)

나는 20년째 '맛나 분식'을 지키고 있다. 사람 좋은 얼굴의 사장님이 하루에도 수십 번 날 올려다본다. 맛나 분식은 한 번도 리모델링을 하지 않은 탓에 벽면 여기저기에 얼룩이 훈장처럼 남아있다. 구색을 맞추기 위함이라 우기며 나도 덩달아 누런 옷을 입고 있다. 그런데 나의 초침이 움직일 때마다 나의 누런 옷도 살짝 흔들린다. 나는 이 사실을 철저히 숨기고 싶다. 말간 얼굴의 새 것이 내 자리를 차지할까 두려운 것이다. 그래서 최대한 누런 옷의 매무새를 단정히 하고, 아무렇지 않은 척 연기를 한다. 물론 가끔씩 진한 쓸쓸함이 내 속을 채울 때도 있다. 하지만 절대 내색하지 않는다. 이곳, 벽면 내 자리를 지켜야 하니까.

요즘 들어 사장님 얼굴이 말이 아니다. 속에 켜켜이 근심이 쌓인 것이 분명하다. 20년이나 사장님과 함께 해왔으니, 나는 척 보면 다

안다. 문제는 라면이다!

"사장님! 라면 국물이 너무 짜요!"

"면발이 덜 익었어요."

"국물이 왜 이렇게 싱거워요?"

"다 불어서 맛이 없어요."

각양각색의 입맛이 불만을 토로하는 바람에 사장님은 매번 고뇌한다. 그래서 큰 결심을 한 게 분명하다. 사장님 손에 들린 책을 보고 나는 단번에 알아챘다. 제목도 어쩜 저리 노골적인지.

'라면을 끓이며!'

세상에 존재하는 모든 라면 레시피를 총망라한 요리책이 틀림없다. 모르긴 몰라도 '맛나 분식'을 라면 맛집으로 등극시켜 줄 구세주가 분명하다.

어제에 이어서 오늘도 사장님은 라면 요리책을 읽고 있다. 나도 책을 좋아하기에 사장님 어깨너머로 함께 읽는다. 그런데 좀 이상하다. 일단 요리책에 사진이 한 장도 없다. 게다가 사장님이 난데없이 눈물을 쏟고는 손님들에게 들킬세라 주방으로 숨어버렸다. 대체 요리책을 읽다가 우는 이유는 무엇일까? 나는 사장님이 내려놓은 《라면을 끓이며》를 집요하게 째려봤다.

그때 한 남자가 들어왔다. 초라한 행색에 한눈에 봐도 지친 기색이 역력했다. 그는 들어오자마자 메뉴판 대신 날 노려봤다. 산전수전 다 겪은 나였지만, 이상하게 그 남자의 눈초리에는 평정심을 유지하기 힘들었다. 남자가 천천히 고개를 돌려 메뉴판을 훑었다. 그

저는 후보 3번입니다만…

리곤 유심히 볼 것도 없다는 듯 한 마디 툭 내뱉었다.

"여기 라면 하나요!"

사장님이 라면 요리책을 내려놓고 냄비에 물을 올렸다. 맛나 분식에는 테이블이 딸랑 두 개뿐이다. 한 테이블에 중학생 둘이 깔깔거리며 김밥을 먹고 있으니, 이제 맛나 분식은 자리가 없는 셈이다.

남자가 다시 고개를 들어 나를 보더니 깊은 한숨을 내쉬었다. 나는 또다시 심기가 불편해졌다.

그때 분식점 문이 열렸고 또 다른 남자 하나가 들어왔다. 어딘지 모르게 쓸쓸해 보이는 남자였다. 그는 묻지도 않고 먼저 온 남자 맞은편에 풀썩 앉았다. 먼저 온 남자가 흘끔 쳐다봤다. 나는 둘이 일행인지 궁금했다. 그런데 둘은 한 마디도 섞지 않고 가만히 있었다.

"여기 김밥 한 줄이요!"

뒤에 온 남자가 말했다. 사장님은 냄비에 라면 하나를 던져넣고, 바로 김밥을 싸기 시작했다. 그런데 뒤에 온 남자도 이상하긴 마찬가지였다. 나를 올려다보곤 맞은편 남자처럼 긴 한숨을 내쉬는 게 아닌가.

사장님이 김밥 한 줄과 단무지를 뒤에 온 남자 앞에 내려놓았다. 맞은편 남자는 왜 자신이 먼저가 아니냐는 원망의 눈초리를 보냈다. 곧이어 남자의 라면과 단무지도 앞에 놓였다. 둘은 한 입씩 먹고는 쌍둥이처럼 나를 올려다봤다. 그리고 동시에 한숨을 내쉬었다. 그쯤 되자 나는 화가 나서 참을 수 없는 지경에 이르렀다. 대체 내가 뭘 잘못했길래 날 보고 한숨을 쉬는 걸까? 사장님만 아니라면 내려가서 따져 묻고 싶었다.

잠시 후, 라면 그릇에서 면들이 거의 사라졌다. 김밥 접시에 김밥은 딱 한 개 남았다. 먼저 온 남자의 단무지 그릇은 이미 비었고, 뒤에 온 남자에겐 단무지가 딱 한 개뿐이다.

"사장님, 단무지 좀 더 주세요!"

먼저 온 남자가 말했다.

"어휴 어쩌죠? 단무지가 똑 떨어져서, 저녁이나 되어야 배달 올텐데…."라며 사장님은 난감한 표정을 지었다.

"아, 그래요? 그럼 할 수 없죠."

먼저 온 남자가 라면 국물을 후루룩 마시더니 맞은편 남자 단무지 그릇에 시선을 던졌다. 뒤에 온 남자가 마지막 김밥 하나를 입에 쏙 밀어 넣고 젓가락을 단무지 쪽으로 옮겨갔다. 그러다 둘의 시선이 딱 마주쳤다.

아! 나는 그제야 기억해냈다. 사장님의 라면 요리책에서 읽은 글귀를!

"드시죠!"

젓가락을 거두고 뒤에 온 남자가 말했다.

"아닙니다. 저는 다 먹었습니다."

먼저 온 남자가 손사래를 치며 단무지 그릇을 살짝 밀었다.

"제가 양보하고 싶어서 그럽니다. 드세요!"

뒤에 온 남자가 단호한 말투로 말하며 단무지 그릇을 아예 맞은편으로 옮겨놓았다.

저는 후보 3번입니다만…

내 뱃속이 꿀렁였다. 과연 남자가 어떻게 할지 긴장되어 차마 두 눈을 뜨고 볼 수가 없었다. 라면 요리책에 나온 글귀가 내 속에서 소용돌이치고 있었다.

"그럼 감사히 먹겠습니다."

먼저 온 남자가 겸손한 젓가락질로 단무지를 들어 올렸다. 아삭 아삭 씹히는 소리가 경쾌하게 새어 나왔다.

"그런데요…."

뒤에 온 남자가 입을 열었다. 먼저 온 남자 눈이 동그래졌다.

"오늘 날씨 정말 춥지 않습니까?"

남자의 팽팽하던 눈매가 스르륵 풀어졌다.

"네! 저는 이렇게 추울지 모르고 겉옷도 없이 나왔지 뭡니까."

"전 추위를 유난히 많이 타는 체질이라 오늘 같은 날이 참 괴롭 습니다."

"저도 추위를 아주 많이 탑니다."

"하하하, 그렇군요."

둘은 더 이상 나를 올려다보지 않았다. 한숨도 쉬지 않았다. 두 남 자 얼굴에서 쓸쓸함이 얼룩 빠지듯 쏙 빠져나갔다.

손님들이 나간 후, 사장님은 다시 《라면을 끓이며》를 펼쳐 들었 다. 나는 재빨리 그 글귀를 확인했다.

'모르는 사람과 마주 앉아서 김밥으로 점심을 먹는 일은 쓸쓸하 다. 쓸쓸해 하는 나의 존재가 내 앞에서 라면을 먹는 사내를 쓸쓸하게 해주었을 일을 생각하면 더욱 쓸쓸하다. 쓸쓸한 것이 김밥과 함께 목구멍을 넘어간다. 나는 김밥을 먹고, 그는 라면을 먹는다. 나의 단무지와 그의 단무지는 똑같이 생겼지만 따로따로여서 나는 나의 단무지를 먹고 그는 그의 단무지를 집어먹는데, 내 앞에 앉은 이 사내는 이 사람인지 저 사람인지 그 사람인지, 그 어느 누구도 아닌지 알 수 없다.' – 김훈《라면을 끓이며》15~16쪽

《라면을 끓이며》를 읽다가 내 눈에 꽂힌 글귀였다. 라면과 김밥은 든든한 음식이라기보다 그저 한 끼를 때우게 해주는 음식이다. 맛을 음미하고 분위기를 즐기는 것과는 거리가 먼 분식점에서 처음 보는 얼굴 둘이 마주 앉았다. 각자 라면과 김밥을 먹는 그들 앞에 단무지도 각각이다. 김훈 작가는 그들이 풍기는 쓸쓸함에 관해 이야기했다. 그런데 나는 문득 이런 생각을 했다.

'단무지를 나눈다면?'

'그들 사이의 어색함이 사라진다면?'

'아주 작은 호의 하나로 사람과 사람이 이어진다면?'

그렇게 상상하다가 쓴 이야기다. 쓸쓸한 얼굴로 라면과 김밥을 먹던 그들이 더 이상 쓸쓸하지 않았으면 좋겠다. 그러기 위해서는 나부터 작은 호의를 아낌없이 베풀어야 하지 않을까?

'오늘 당신이 베푼 작은 호의 하나가 당신과 누군가를 연결할지 모른다.'

저는 후보 3번입니다만…

2장

멈춰 선
당신을
위해

디테일의 차이가
많은 것을 결정한다

'성공하는 사람은 디테일에 신경 쓴다'

> "사람들은 크게 다르지 않다. 하지만 작은 차이가
> 큰 차이를 만든다. 그 작은 차이란 바로 태도이다."
> – W. 클레멘토 스톤(William Clement Stone)

전화기를 발명한 알렉산더 그레이엄 벨보다 15년이나 앞서 전화기를 발명한 사람이 있다. 바로 독일의 물리학자 필립 라이스다. 그런데 그가 발명한 전화기는 휘파람 소리를 전달하는 데는 성공했지만 사람의 말소리를 전하지는 못했다.

시간이 흐른 후, 벨이 라이스가 발명한 전화기의 문제점을 밝혀냈는데, 전극을 제어하는 작은 나사가 1천분의 1인치 빗나가 있었다고 한다. 만약 라이스가 그 미세한 부분에 신경썼다면 벨 대신 위대한 인물로 기억되지 않았을까?

1986년 미국의 우주왕복선 챌린저호가 발사되었다. 그런데 불과 73초 만에 전 세계가 TV로 지켜보는 가운데 폭발하고 말았다. 분석 결과 오링(oring) 기능 이상이 대참사를 불러온 것으로 드러났다.(오

저는 후보 3번입니다만…

링은 직경 0.7cm에 불과한 작은 고무 부품이다.)

안타까운 점은 예전에 한 엔지니어가 오링의 기능 이상을 지적한 적이 있었는데, 그 건의가 받아들여지지 않았다는 것이다. 만약 관계자들이 영하의 추위 속에서는 오링이 제대로 작동하지 않는다는 사실에 주목했다면 한파가 몰아치던 당일의 사고도 충분히 예측하고도 남았을 텐데 말이다.

이처럼 막강한 '디테일의 힘'은 레오나르도 다 빈치의 일화를 통해서도 드러난다.

레오나르도 다 빈치의 재능은 스승 베로키오를 만나면서 본격적으로 드러나기 시작했다. 어느 날, 베로키오가 다 빈치에게 달걀 하나를 건네주며 똑같이 그려보라고 했다. 다 빈치는 열심히 그림을 그렸다. 그런데 베로키오는 다음 날도, 그 다음 날도 달걀 하나씩을 건네며 똑같은 것을 주문했다. 답답해진 다 빈치가 물었다.

"왜 매일 똑같은 달걀만 그리게 하는 거죠? 이렇게 쉬운 걸 누가 못하겠어요?"

그러자 베로키오가 말했다.

"네가 알아두어야 할 것이 있다. 이 세상에 똑같이 생긴 달걀은 단 한 개도 없어. 설사 같은 달걀이라고 하더라도 어떤 각도에서 보느냐에 따라 다르게 보인다는 사실을 깨달아야 한다."

그날 스승의 가르침 덕분에 레오나르도 다 빈치는 일상에서 사물을 세심히 관찰하는 습관을 가지게 되었다.

그런가 하면 우리 아이 친구 중에 인사만으로 기분을 좋게 만드는 아이가 있다.

"안녕!" 하고 엄마들이 인사를 건네면 대부분의 아이들이 어색하게 고개를 까딱하거나, 그것도 싫으면 못 본 척 지나쳐 버리곤 한다. 그런데 그 아이는 언제 어디서 만나도 일명 '배꼽 인사'를 꾸뻑한다. 게다가 고개를 숙이는 동작에도 정성이 들어가 있다. 깊숙이 내려간 아이의 머리를 보면 나도 덩달아 배꼽 인사를 하게 된다.

엄마들 사이에서 그 아이는 늘 배꼽 인사를 하는 '예의 바른' 아이로 통하고, 그 덕분에 누구나 그 아이에게 호감을 가진다. 이렇듯 아주 작은 배꼽 인사가 커다란 '특별함'을 만들어낸다.

'디테일의 차이가 많은 것을 결정한다.'

나는 이 교훈을 그 아이를 통해 다시금 깨달았다.

'작은 부분이 큰 부분을 결정하고 변화시킨다는 것을 기억하자!'

저는 후보 3번입니다만…

당신이 쌀독에 빠진 생쥐라면?

'위기를 대비하는 사람이 진짜 고수다'

"삶은 언제나 사람들이 위기에 봉착할 때를 기다렸다가
가장 빛나는 순간을 드러낸다." - 파울로 코엘뇨(Paulo Coelho)

한 생쥐가 먹이를 찾아 헤매다가 우연히 쌀독에 빠졌다. 입구까지 쌀이 가득 찬 쌀독을 보며 생쥐는 절로 행복해졌다. 주변을 둘러봐도 경쟁자 하나 없었다. 생쥐는 느긋하게 쌀을 먹기 시작했다. 먹어도 먹어도 쌀은 줄지 않았다. 그래서 몇 날 며칠 먹고 자기만 반복했다. 여전히 쌀은 넉넉했고, 언제든지 원하기만 하면 다른 곳으로 이동할 수 있을 것 같았다.

여러 날이 지난 어느 날, 생쥐는 쌀이 지겨워졌다. 그래서 슬슬 다른 곳으로 이동하고 싶었다. 마침내 생쥐가 폴짝 뛰어올랐다. 그런데 이상했다! 주변은 온통 캄캄했고, 쌀독 입구는 아득히 멀기만 했다. 그제야 생쥐는 자신이 쌀독 바닥에 있다는 것을 깨달았다. 아무리 뛰어올라도 제자리였고, 영원히 쌀독을 벗어날 수 없었다.

비단 생쥐뿐만 아니라 우리에게도 늘 위기는 다가온다. 그렇다면 매 위기의 순간을 현명하게 돌파할 방법은 무엇일까?

내가 아는 한, 나의 작은언니는 가득 찬 쌀독에 빠지더라도 지혜롭게 빠져나올 사람이다. 언니의 손재주는 뛰어나다. 이불이나 커튼, 옷은 물론 가방까지 못 만드는 게 없다. 노후에 할 수 있는 일이 없으면, 옷 수선이나 홈패션 일로 밥벌이를 하겠다고 할 정도로 실력 또한 프로급이다. 게다가 아이 셋을 기르며 보육교사 자격증을 땄고, 틈틈이 지인들에게 주문받은 물품을 만들어 팔기도 한다.

몇 년 전, 형부 회사에 사정이 생겨 월급 지급이 일주일 연기된 적이 있다. 빠듯한 살림에 다섯 식구가 일주일을 더 살아내는 것은 말처럼 쉬운 일이 아니다. 일주일 안에 필요한 돈이 적어도 몇 십만원은 되니까 말이다. 하지만 언니는 주변에 돈을 빌리거나 현금 서비스를 받고 싶지 않았다. 그렇다고 만기가 되지 않은 적금을 깨기도 아까웠다. 그 상황에서 언니는 '어떻게' 문제를 해결했을까?

이와 관련하여 흥미로운 실험이 있다.

하버드대 심리학과 교수 엘렌 랭거는 난처한 상황을 설정한 후, '성공 가능성'과 '방법' 중 어느 것을 먼저 생각하는지에 따라 결과가 어떻게 달라지는가를 보는 실험을 진행했다.

"당신의 성공 가능성은 몇 점입니까?"라는 질문을 먼저 받았다면, '내가 과연 성공할 수 있을까?'라는 생각을 하게 된다. 물론 난처한 상황에 대한 질문이기에, 부정적인 대답이 나올 가능성이 높다.

그런가 하면 "어떻게 해결할 것입니까?"라는 '방법'을 묻는 질문

저는 후보 3번입니다만…

을 먼저 받으면, 적극적으로 방법을 모색하게 될 뿐만 아니라 성공 가능성 또한 높아진다.

그러니 문제에 직면했을 때, 내가 성공할 수 있을까? 라고 묻기 보다 '어떻게 해결할까?'를 우선 생각해 보자.

작은언니 또한 일주일 생활비를 마련하는 문제를 놓고 '어떻게 해결할까?'에 집중했다. 그리고 현금을 마련하는 것을 목표로 하자, 일은 예상외로 쉽게 해결되었다.

우선 언니는 집에 남아있는 천들을 모았다. 그리고 재빠른 손놀림으로 입체 마스크와 스카프 빕을 만들었다. 다음 날 경비 아저씨를 찾아가서 물었다. 경비실 옆에서 하루만 물건을 팔아도 되는지를 말이다. 운 좋게 허락을 받은 그녀는 캠핑용 탁자를 설치하고 만든 물건들을 펼쳐놓았다.

물론 처음에는 어색해서 입도 떨어지지 않았다고 한다. 자기 아이가 셋이라 아이들 친구 엄마들이 지나가다가 아는 체하는 상황이었으니 더 그랬을 테다. 그래도 시간이 지나 꽤 익숙해졌고, 소문을 들은 아기 엄마들이 너도나도 사러 오는 바람에 가져간 물건들을 제법 많이 팔 수 있었다. 물론 필요한 금액에 미치지는 못했지만, 언니는 그 경험을 통해 뭐든지 할 수 있다는 자신감을 얻었다.

지금 당장 먹고사는 걱정을 하지 않더라도 늘 위기의 순간을 상상해볼 필요는 있다. 쌀독에 항상 쌀이 풍성할 리 없고, 쌀독의 안락함에 익숙해진 사이에 도전의 기회를 저버리고 있을지도 모르기 때문이다.

위기가 닥쳤을 때, '내가 할 수 있을까?'라고 자문하지 말자. '어떻게 해결할까?'라고 물어보자. 치열하게 생각하다 보면 어느새 내 안에서 해결의 실마리가 풀리는 즐거운 경험을 할지도 모른다.

국민 MC 유재석은 위기에 대해 이렇게 말했다.

"진짜 위기가 무엇인지 아십니까? 위기인데도 위기인 줄 모르는 것이 진짜 위기입니다. 그것보다 더 큰 위기는 무엇인지 아십니까? 위기인 줄 알면서도 아무것도 하지 않는 것이죠."

'위기는 직면하지 않은 순간을 미리 상상하고, 그것에 대비해야 한다.'

당신이 듣고 싶은 말

'상대가 원하는 말을 해주는 사람이 지혜롭다'

"다른 사람의 말을 신중하게 듣는 습관을 길러라.
그리고 가능한 한 말하는 사람의 마음속으로 빠져들도록 하라."
- 마르쿠스 아우렐리우스(Marcus Aurelius Antoninus)

"엄마, 옆 반은 27명인데, 우리 반은 29명이나 돼. 그래서 불편한 점이 많아."

어느 날, 우리 아이가 말했다.

순간 내 어릴 적 생각이 번쩍 나길래 아무 생각 없이 내가 이렇게 말했다.

"29명이 많긴 뭐가 많아? 엄마가 학교 다닐 때는 한 반에 60명이었어. 제일 뒷자리에 앉던 친구는 교실 뒷벽에 딱 달라붙어 앉아야 할 정도였다고. 어디 그뿐이야? 1년 내내 서로 말 한마디 못 해본 친구들도 있었고, 한 명씩 순서대로 뭘 하기 시작하면 내 차례가 언제 올지도 몰랐다고. 게다가 60명이 말 한마디씩만 해봐. 얼마나 정신이 없겠어. 그런데 너희 반은 고작 29명뿐인데, 불편할 게 뭐가 있어?"

아이는 입을 뾰로통하게 내밀곤 말이 없었다.

한번은 이렇게 말한 적도 있다.

"엄마, 시험 점수는 자기만 알아야 하는 거 아닐까? 점수 낮은 친구가 좀 부끄럽대. 내 생각에 자기 점수는 자기 혼자만 알면 좋을 것 같아."

이번에도 나는 내 학창 시절 이야기를 늘어놓았다.

"그건 부끄러운 축에도 못 끼어. 엄마 어릴 때는 말이야. 아예 1등부터 꼴등까지 이름과 등수를 벽에 붙였어. 그것도 매달 시험을 친 후에 말이야. 그러니 별로 부끄러운 줄도 몰랐지. 그런데 너희는 단원평가랑 상시평가 점수 가지고 뭘 그래? 시험 치고는 너무 간단하고, 전혀 어렵지도 않은데 말이야."

아이는 또 입을 꾹 닫았다. 그러고도 나는 '꼰대스러움'을 한껏 발휘해 내 학창 시절 이야기를 이어갔다.

한참 시간이 지난 후,《당신의 말》이라는 책을 읽다가 괜히 나 혼자 뜨끔해지고 말았다. 김성태 시인의 경험담 때문이었다.

하루는 십년지기 친구가 전화를 해왔다고 한다. 그것도 새벽에. 친구는 마지막 통화라고 했다. 슬픔을 못 이겨 삶을 끝내겠다고 전화한 친구에게 그는 무슨 말을 해야 할지 알 수 없었다. 그저 '괜찮다'라고 말하는 것이 얼마나 부적절한가만 분명히 알겠더란다. 주변인이 아무리 괜찮다고 말해도, 당사자는 절대 괜찮을 수가 없으니 말이다.

그래서 그는 '괜찮다'라는 허공에 흩어지는 말 대신 친구와 함께 슬픔에 빠지기로 했다. 그전까지 아무에게도 말하지 못했던 자신의 슬픔을 처음으로 친구에게 이야기해준 것이다. 결국 친구는 그 이야기 덕분에 죽지 않았다고 한다.

죽고 싶은 사람에게 필요한 건 '위로'의 말이 아니라 '공감'의 말이다. 위로는 마음 밖의 감정이지만, 공감은 마음속으로 들어가야 비로소 알 수 있는 감정이다. 그래서 공감하기란 더 어렵고 정성이 들어가는 법이다.

그런데 공감은 비단 죽고 싶은 사람을 살릴 때만 필요한 것이 아니다.

김성태 시인은 이렇게 말한다. 후배가 듣고 싶은 말은 "할 수 있어."가 아니라, "나도 그랬어."라고. 학생이 선생님에게 듣고 싶은 말은 "피할 수 없으면 즐겨라."가 아니라 "즐길 수 없으면 피하라."라고. 부하가 상사에게 듣고 싶은 말은 "견뎌라."가 아니라 "너에겐 가능성이 많다."라고.

우리는 늘 소통과 공감의 중요성을 강조하지만, 정작 상대방이 원하는 말은 해주지 않는다. 대신 우리가 하고 싶은 말만 한다. 내가 우리 아이에게 그랬던 것처럼.

나는 이렇게 말했어야 했다.

"너희 반만 29명이라서 불편한 점이 많은가 보구나. 그래, 엄마가 너라도 아주 불편할 것 같아."

"시험 점수를 공개하는 게 싫은 거구나. 그래, 엄마라도 싫을 것 같아. 점수는 본인만 알면 되는데 말이야."

나는 이제 일상의 작은 대화에서도 자주 '공감'하려 노력한다. 공감에 의식적인 노력이 필요하다는 것이 조금 아쉽기는 하지만, 다른 한편으로는 노력으로 가능한 것이라 다행이다 싶다.

만약 누군가와 이야기할 때, 우리가 해주고 싶은 말이 한가득이라면 일단 꿀꺽 삼켜보자. 그런 뒤 상대방이 원하는 말을 열심히 찾아보자. 우리가 해주고 싶은 백 마디 말보다 상대방이 듣고 싶은 한 마디 말이 훨씬 강력한 힘을 발휘할지도 모르니까 말이다.

'진정으로 좋은 대화는 내가 하고 싶은 말보다 상대가 원하는 말을 해주는 것이 아닐까?'

저는 후보 3번입니다만…

몸풀기를 끝냈나요?

'충분히 몸풀기를 한 사람이 마지막에 승리한다'

"절대로 포기하지 말라. 절대로!"

– 윈스턴 처칠(Winston Churchill)

"취업을 하고 싶어서 찾아보니까 나이 제한이 있더라고요."

"우리 같은 경단녀들은 뭘 해야 하죠?"

"아이들은 점점 커가고 사교육비는 많이 들고….'

"우리도 시켜만 주면 잘 할 수 있는데….'

엄마들 모임의 단골 주제 중 하나다. 바로 '재취업!'

실제 재취업을 하려는 엄마들에게 나이 제한은 현실적인 장벽이다. 30대까지만 지원할 수 있다는 단서 조항을 보면 가슴이 쿵 내려앉고 만다.

일반적으로 서른아홉 살과 마흔 살은 느낌이 사뭇 다르다. 앞자리가 바뀌는 것은 스물아홉 살에서 서른 살이 될 때도 마찬가지지만, 그때는 그저 숫자'만' 바뀐다는 생각이었다. 그런데 왜 마흔이 되면 숫자'도' 바뀐 것 같은 기분이 드는 걸까?

어릴 적 내가 기억하는 우리 부모님의 40대는 아주 늙은 모습이 었다. '가능성'과는 담을 쌓고 그저 주어진 일만 해야 하는, 다소 서 글픈 모습 말이다. 내게도 저 나이가 오긴 올까 싶었는데, 어느새 나도 40대다.

그런데 나의 40대는 내가 기억하는 부모님의 서글픈 모습과는 확연히 다르다. '가능성'이 충만하고 아직도 뭔가를 할 수 있을 것 같다. 아니, '이제야' 뭐라도 할 수 있을 것 같다.

40대가 느끼는 이러한 '유효한 가능성'을 달리기에 비유한 재미 있는 일화가 있다.

멕시코의 남서부에 라라무리라는 토착 부족이 산다. 그들은 장거 리 달리기를 그야말로 밥 먹듯이 한다. 게다가 달릴 때에도 혈압과 심장 박동수가 걸을 때와 별반 다르지 않다.

그들의 놀라운 능력을 발견한 멕시코 올림픽위원회는 라라무리 부족 2명을 1982년 암스테르담 올림픽에 출전시켰다. 누구보다 오 래 뛸 수 있는 타고난 마라톤 선수가 틀림없었으니까.

그런데 경기 결과, 그들은 32위와 35위에 그쳤다. 뿐만 아니라 결 승선을 통과하고도 계속 달려가는 바람에 관계자들이 나서서 힘겹 게 멈춰 세워야 했다.

그들은 왜 마라톤에서 우승하지 못했을까?

그들은 왜 계속 달렸을까?

그들은 왜 전속력으로 달리지 않았을까?

멈춰선 그들이 말했다.

"너무 짧아요! 너무 짧아!"

실제 그들에게 40킬로미터는 몸풀기였다. 그들은 누구보다 '오래' 달리는 사람들이라 전력 질주를 하지 않았던 것이다. 그러니 전혀 지치지 않고, 단지 몸을 풀기 위해 40킬로미터를 달린 셈이었다.

우리가 80세까지 산다면, 40세는 40킬로미터로 딱 절반밖에 되지 않는다. 태어나서 몸을 푸는 시간 말이다. 40년 동안 내가 만들어온 '나'라는 사람으로 이제 본격적으로 승부를 걸 시간, 그게 바로 40대다.

이탈리아 속담에 이런 말이 있다. '느리게 가는 사람이 더 오래, 멀리 간다.'

천천히, 하지만 뚜벅뚜벅 걸음을 멈추지 않은 사람은 충분히 몸풀기를 한 사람이다. 그러니 이제 40대에 신나게 달리기만 하면 된다.

잊지 말자! 우리의 목표는 전력 질주가 아니라, 지치지 않고 인생을 완주하는 것이다!

'늦은 때란 없다! 그저 몸풀기를 오래하느냐의 차이 뿐이다! 충분히 몸을 풀었다면 이제 지치지 않고 달리기만 하면 된다!'

당신은 스스로를
무엇으로 정의하시나요?

'멋진 사람은 스스로를 멋진 사람으로 정의한다'

"진정한 탐험은 새로운 풍경이 펼쳐진 곳을 찾는 것이 아니라
새로운 시각으로 여행하는 것이다."

– 마르셀 프루스트(Marcel Proust)

우리 아이는 새 친구를 사귈 때마다 혼자 전전긍긍하는 일이 많았다. 그래서 나는 일부러 친구들과 놀 기회를 만들어주거나 열심히 조언을 해줬다. 하지만 그런다고 근본 문제가 해결되는 것은 아니었다. 시간이 갈수록 학교에 다녀온 아이의 푸념이 늘어만 갔고, 그때마다 나는 나대로 자꾸 신경이 쓰여 한껏 예민해졌다.

어느 날, 학교로 담임 선생님을 만나러 갔다. 그런데 교실 문 앞에 도착하자 문득 이런 걱정이 밀려왔다.

'선생님도 우리 아이의 부족한 사회성 이야기를 하시려나?'

'친구들과 잘 어울리지 못한다고 말씀하시면 어쩌지?'

'아이의 사회성을 길러주라고 내게 충고를 하실지도 몰라. 어휴, 상담을 신청하지 말걸.'

저는 후보 3번입니다만…

잠시 후, 불편한 마음을 다잡고 교실로 들어섰다. 선생님은 나를 반갑게 맞아주시며 처음부터 아이 칭찬을 늘어놓으셨다. 나는 중간 중간 감사하다는 추임새를 넣으며 생각했다.

'언제쯤 사회성 이야기를 꺼내실까?'

나는 초조한 시선으로 선생님 입만 바라보고 있었다. 그런데 어찌 된 일인지 선생님은 사회성이나 친구 관계 이야기를 꺼내지 않으셨다. 상담 시간이 끝날 때쯤 결국 답답해진 내가 물었다.

"선생님, 우리 아이가 친구들과 어울리는 걸 좀 힘들어하죠?"

그러자 선생님이 환히 웃으며 말씀하셨다.

"차분하고 사려 깊은 성향인 거죠."

친구들에게 선뜻 다가가지 못하는 아이의 답답함을 선생님은 '차분하고 사려 깊은 성향'이라고 말씀하셨다. 순간 나는 뜨끔해지고 말았다. 세상에 존재하는 수많은 단어 중에 나는 왜 내 아이를 사회성이 부족하거나 친구에게 다가가지 못하는 답답한 아이로 정의했던 걸까? 차분하고 사려 깊어서 천천히 다가가는 아이일지도 모르는데 말이다.

"고학년 때 자신과 잘 맞는 친구를 사귀면 다 해결될 문제랍니다."

선생님은 전혀 걱정할 거리가 아니라며 단번에 내 마음의 무게를 덜어주셨다.

집으로 돌아오는 길, 나는 아이에 대한 나의 정의가 틀렸음을 깨달았다. 그리고 계속 되뇌었다.

'우리 아이는 차분하고 사려 깊은 아이다!'

이처럼 우리가 스스로를 어떻게 정의하는가에 따라 삶이 달라진다는 일화를 읽은 적이 있다. 《습관은 어떻게 인생이 되는가》라는 책에 이런 이야기가 나온다.

타카미야라는 아이가 있었다. 아이는 어릴 적 탈곡기에 손을 넣는 바람에 오른손을 잃고 말았다. 여섯 살에 검도를 시작한 아이는 한 손으로 검을 휘두르는 한계를 극복하기 위해 부단히 노력했다. 그러다 시간이 흘러 왼손으로 능숙하게 검을 휘두르는 '왼손의 검객'으로 주목받는 데 성공했다. 하지만 그 후 체육대학에 진학한 그는 다시 한번 시련을 경험했다. 아무리 노력해도 한 손이 두 손을 이길 수는 없었던 것이다.

고심 끝에 그는 한 손뿐이라는 자신의 '한계'에 대해 새로운 시각을 가지기로 결심했다. 그러자 신기하게도 새로운 가능성을 발견하게 되었다. 다른 사람들은 두 손으로 검을 들고 있기에 검의 길이를 자유롭게 조절할 수 없는데 반해, 자신은 한 손이기에 얼마든지 검의 길이를 조절할 수 있었다. 그래서 아주 짧게 잡아 순식간에 상대를 공격하는 것도 가능하다는 걸 깨달았다.

그 기술로 그는 도쿄 대회 결승전까지 올랐다. 그런데 그의 결승전 상대는 엄청난 거구였다. 한눈에 봐도 대결이 안 될 정도로 체급차가 났다. 5분 동안 경기가 치열하게 진행되었는데도 승부는 나지 않았다. 연장전이 시작되자 모두 쉽게 승부가 날 거로 기대했다. 하지만 무려 40분 동안 경기가 이어졌다. 두 손으로 싸우는 거구를 상대로 한 손으로 대응하기엔 분명 한계가 있었는데도 그는 끝까지 포기하지 않았다. 결국 상대의 머리 공격에 자신의 필살기인 검 짧게 잡기로 승부수를 띄웠고, 마침내 한 점을 따내 그가 승리했다.

그는 자신의 우승에 대해 이렇게 말했다.

"한 손이라서 여기까지 올 수 있었다. 달아나지 않고 맞서는 노력을 한다면 결과는 잘 따라 온다."

이렇듯 자신을 어떻게 정의하느냐에 따라 결과는 확연히 달라진다.

마치 내가 우리 아이를 '차분하고 사려 깊은 아이'로 보기 시작한 순간, 아이를 대하는 방식이 완전히 달라진 것처럼 말이다. 아이의 행동에 한숨을 쉬는 대신, 여유를 가지고 기다려 주고 친구 문제로 고민해도 아이 등을 떠밀지 않았다. 그저 마음이 내킬 때까지 스스로에게 시간을 주라고 조언해줄 뿐이었다.

타카미야는 스스로를 '한 손뿐인 사람'이 아니라 '한 손으로도 잘하는' 사람으로 정의 내렸다. 그 덕분에 한 손만이 할 수 있는 비장의 무기를 생각해낼 수 있었던 것이다.

현재 나를 답답하게 하는 상황이나 존재가 있다면, 혹은 스스로가 못마땅하다면, 내 시선과 정의를 들여다보는 건 어떨까? 어쩌면 예상외로 쉽게 문제가 해결될지도 모르니까 말이다.

'당신은 당신을 어떤 사람이라고 정의하는가? 그 정의 그대로 당신은 살아간다.'

당신 속에도 거미 원숭이가 있나요?

'용기 있는 사람은 내려놓을 줄 안다'

"손에 든 찻잔이 뜨거우면 그냥 놓으면 됩니다.
그런데 사람들은 뜨겁다고 괴로워하면서도 잔을 놓지 않습니다."
- 법륜스님

'산 후안'이라는 어린 사냥꾼이 있었다. 그의 아버지를 비롯한 많은 사냥꾼은 오랜 세월 거미원숭이를 잡으려고 노력해왔다. 하지만 거미원숭이는 매우 작고 빨라서 잡을 수가 없었다. 산 후안도 거미원숭이를 잡기 위해 그물망과 덫을 만들어봤지만, 매번 실패하고 말았다. 어느 날, 방법을 고심하던 산 후안에게 아이디어가 번쩍 떠올랐다.

그는 우선 입구가 좁은 통을 만들었다. 그 통 안에 거미원숭이가 제일 좋아하는 견과류를 넣었다. 그리고 친구들과 여러 개의 통을 설치하고 숨죽인 채 거미원숭이를 기다렸다.

마침내 거미원숭이 무리가 다가오기 시작했다. 처음에 거미원숭이들은 통 주변을 맴돌고 슬쩍 건드려보기만 했다. 그러다 비로소

저는 후보 3번입니다만…

고소한 견과류 냄새를 맡았다. 다음 순간 거미원숭이들은 좁은 입구에 손을 넣어 견과류를 잡았다. 그때 산 후안과 친구들이 일제히 거미원숭이 쪽으로 달려갔다.

거미원숭이는 과연 어떻게 됐을까?

내가 외국에서 근무하던 시절, 딱 거미원숭이 처지일 때가 있었다.

당시 내가 맡은 일은 그리 흥미롭지 않았지만 그렇다고 그만둘 정도까지는 아니었다. 시간이 갈수록 내 속의 나태함이 수시로 속삭였다. 시간을 보내는 대가로 월급을 받으면 그만이라고 말이다.

그런데 어느 날부터 슬금슬금 소문이 들려오기 시작했다. 인원을 감축할 거라는 소문이었다. 문득 좋지 않은 예감이 들었다. 그리고 우습게도 소문을 들은 순간부터 지루하기만 하던 직장이 꽤 괜찮아 보이기 시작했다.

나는 머릿속으로 열심히 셈을 했다.

'내가 인사 담당자라면 과연 누구를 해고할까?'

슬픈 현실이긴 했지만 바로 나일 것 같았다. 동료들은 저마다 특출 난 분야가 하나씩은 있었는데 내겐 하나도 없었기 때문이다. 업무를 위해 큰 노력을 한 적도 없고 할 생각도 없었으니 어쩌면 당연한 일인지도 몰랐다. 다만 머리로는 이해했지만, 심정적으로 깔끔하게 내 부족함을 인정하기란 그리 쉽지 않았다.

며칠 후, 인사 담당자의 개인 면담이 시작되었다. 나는 거미원숭이가 통 속 견과류를 꽉 움켜쥐었듯이 직장을 단단히 잡고 싶었다.

그래서 면담 말미에 내가 팀에 꽤 기여를 많이 한 것처럼 말하고 말았다. 실은 도움이 된 적도 없으면서 말이다.

면담실을 빠져나오는 순간 내게 다가올 현실이 눈앞에 선명하게 그려졌다. 뒤늦게 후회도 했다. 통 속에 넣은 손을 얼른 뺏어야 했다고. 혹은 주먹을 펴서 견과류를 버려야 했다고.

결국 나는 해고되었다. 쓸쓸함이 내 속을 가득 채웠지만, 그 복잡 미묘한 감정 중에 가장 큰 것은 내 미련스러움에 대한 후회였다.

거미원숭이들도 견과류를 쥔 주먹을 끝내 펴지 않았다. 산 후안과 친구들이 다가와 자신들을 잡을 때까지도 말이다. 그냥 쉽게 손만 펴면 되는 것을, 견과류를 포기하면 목숨을 지킬 수 있는 것을, 왜 미련스럽게 집착했던 것일까?

살다 보면 우리도 거미원숭이처럼 미련스러울 때가 있다. 머리로는 이해하면서도 어쩔 수 없었다 말하는 것들 말이다.

해고는 그럭저럭 견딜만 했지만, 내가 미련스럽게 늘어놓은 변명은 아직도 문득문득 나를 괴롭힌다.

그래도 인생의 큰 교훈 하나는 얻어서 다행이다.

'미련스럽게 살지 말자!'

'돌아보면 누구나 인생에서 미련스러운 적이 있을 것이다. 그 경험을 교훈 삼아 미련스러움에서 과감히 멀어지자!'

공자님은 우리 집에 왜 오실까?

'잔소리 내용만 바꿔도 효과가 달라진다'

"군자는 일의 원인을 자기에게서 구하고,
소인은 타인에게서 구한다." - 논어 중에서

《나에게 돌아오는 시간》이라는 책에서 내 시선을 한참 묶어둔
대목이 있다.

《데일 카네기 인간관계론》에 19세기 한 미국 아빠가 쓴 글이 실
려 있다고 한다. 제목은 '아버지는 잊어버린다'이다.

"아침 먹을 때도 잔소리를 했구나. 흘리지 말고 먹어라. 꼭꼭 씹
어서 삼켜라. 팔 괴고 먹지 마라…. 네가 집을 나설 때 내게 손을 흔
들며 '안녕, 아빠!' 했는데, 나는 인상을 쓰며 '어깨 펴고!'라고 대
답하고 말았구나.

저녁에 서재에서 일하고 있는데 네가 상처받은 눈빛으로 서재로
들어왔던 거 기억하지? 누가 방해하나 하고 짜증이 나서 내가 서류
너머로 쳐다보았을 때 너는 망설이고 있었지. 아빠는 '그래 원하는

게 뭐냐?' 하고 날카롭게 말했지. 너는 아무 말 없이 서 있다가 갑자기 달려와 내 목을 끌어안으며 내게 입 맞추고 조그만 팔로 나를 꼭 안아 주었지….

아들아, 네가 간 직후 아비는 가슴이 저릴 정도로 무시무시한 두려움이 갑자기 밀려오는 바람에, 그만 서류를 떨어뜨릴 정도였단다. 아, 나는 습관적으로 무슨 짓을 하고 있었던 걸까? 습관적으로 꾸짖고 야단치고…. 하지만 아빠가 너를 사랑하지 않기 때문에 그랬던 것은 아니란다. 단지 아직은 어린 너에게 너무 많은 것을 바랐기 때문이란다. 나는 어른의 잣대로 너를 재고 있었던 거란다….

네가 엄마 어깨에 머리를 얹고 엄마의 품에 안겨 있던 게 바로 엊그제 일인데, 나는 너무 많은 걸 바랐구나. 너무 많은 걸 바랐구나."

습관처럼 아이에게 잔소리를 하던 아빠가 아이의 조건 없는 사랑 앞에서 한없이 부끄러워진 경험을 쓴 글이다. 그런데 그 옛날 한 미국 아빠의 글이 왜 아직도 우리의 마음을 콕콕 쑤셔대는 걸까? 부모와 자식 관계는 시대와 장소, 문화를 초월한 것이기 때문은 아닐까? 부모라면 누구나 종종 비슷한 실수를 하기 때문은 아닐까?

이에 대한 현명한 대처법을 알려주는 이야기가 있다.

그 옛날 케네디 대통령의 아버지도 자녀들에게 잔소리를 하곤 했다. 특히 케네디 대통령은 형과 달리 말썽쟁이여서 아버지에게 잔소리를 듣는 일이 빈번할 수밖에 없었다.

게다가 어느 날엔 선생님이 전화를 해서 "아들 단속 잘하세요!"

라는 다소 모욕적인 충고를 한 적도 있단다. 그때 아버지는 화가 머리 끝까지 나서 당장이라도 아들에게 화를 쏟아내고 싶었다. 하지만 스스로 화를 누르고, 조금 더 현명한 방법으로 자신의 뜻을 전해야겠다고 결심했다. 그래서 아들에게 편지를 썼다.

"아들아, 나는 잔소리꾼 아버지가 되고 싶지 않다. 잔소리를 하는 것은 아버지의 본분이 아니라고 생각한다. 내가 보기에 너는 확실히 훌륭한 재능을 많이 가지고 있다. 누구보다 뛰어난 능력을 가진 네가 재능을 제대로 발휘하지 못한다면 어리석은 노릇이 아니겠니?"

물론 그들에 비하면 터무니없이 낮은 수준이지만, 나도 잔소리와 관련해 시행착오를 겪었다. 우리 아이가 어릴 적에 나는 구체적이고 단호한 잔소리를 하곤 했다. 그래야 다음에 같은 상황에서 아이가 올바르게 행동할 거라 믿었기 때문이다. 하지만 아이가 커갈수록 내 생각이 그리 현명하지 않다는 걸 깨달았다. 왜냐하면 아이가 경험한 상황을 내가 이미 경험했다는 보장도 없고, 개별 사항에 대한 내 판단이 옳다는 근거 또한 없었기 때문이다.

그래서 나는 잔소리의 방식을 바꾸기로 했다. 이를테면, 아이가 판단을 내리지 못하고 끙끙대고 있으면, 공자님이 하신 짧지만 강렬한 말을 상기시켰다.

"공자님이 말씀하셨지. 아침에 도를 들으면, 저녁에 죽어도 좋다고. 도는 '우주 만물의 이치'이고 '올바른 길'이야. 무엇이 옳고 그른지는 네가 잘 판단할 수 있을 거야. 너는 충분히 현명한 아이니까 말이야."

그런가 하면 선생님이 자신의 노력을 알아주지 않는다고 투정을 부리면 이렇게 말했다.

"공자님이 말씀하셨지. 배우고 때에 맞춰 익히면 기쁘지 아니한가? 벗이 먼 곳에서 찾아오면 즐겁지 아니한가? 다른 사람이 나를 알아주지 않아도 화나지 않으면 또한 군자가 아니겠는가?"

아이는 이 말을 통해 누구나 인정받고 싶은 욕구가 있다는 사실에 안도했다. 그리고 자신도 타인의 평가에 연연하지 않는 군자가 되고 싶다고 말했다.

생각해보면 그 옛날 공자님도 남이 알아주지 않아 속상한 마음을 알 정도였으니, 이것이야말로 인간의 본성 중 하나임이 틀림없다. 이렇게 보편적이고 일반적인 이야기를 해주면 아이는 그 안에서 스스로 판단하고 길을 찾아간다. 그러면 나는 특별히 잔소리를 할 필요가 없다. 나 대신 공자님이 해주기 때문이다.

만약 나와 아이 사이가 냉랭해지거나 감정이 상하는 일이 있으면 둘 중 한 명이 먼저 말한다.

"공자님이 보시면 뭐라고 할까?"

"군자는 이렇게 행동하는 게 아니잖아."

우리 둘은 또 키득키득 웃고 만다.

공자님 말씀을 잔소리로 대신한 나의 노력 덕분인지 아이는 요

저는 후보 3번입니다만…

즘 들어 자신감이 꽤 높아졌음은 물론이고, 자신에 대한 점수도 후해졌다. 게다가 그것도 모자라 얼마 전에 학교에서 한 '진로탐색 검사'에서 자신감 점수가 월등히 높아 우리 부부를 깜짝 놀라게 했다.

유치원 때 하도 소심하고 친구들과 어울리지 못해서 걱정을 했더니, 하루는 선생님이 내게 사진을 보내왔을 정도였는데 말이다.

'어머니, 오늘은 친구들과 어울려 놀았어요. 칭찬 많이 해주세요'

당시 사진과 함께 도착한 메시지에 얼마나 기뻤는지 모른다.

다행히 이제 아이 스스로 자신의 판단력을 믿게 된 눈치다. 그리고 커다란 이치만 알고 있으면 세상을 살아가면서 그리 흔들릴 필요가 없다는 사실도 깨달은 것 같다.

만약 자녀에게 세세한 잔소리를 하는 것에 지쳤다면, 위인에게 잔소리를 부탁해보는 건 어떨까? 우리 집엔 공자님이 자주 방문하신다. 잔소리쟁이 역할을 해주기 위해서 말이다.

'잔소리는 위인의 말로 해보자! 우리의 지루한 잔소리보다 훨씬 강력한 힘을 발휘한다!'

당신이 느껴야 하는 감정

'행복한 사람은 경외심을 느낀다'

"자연과 가까울수록 병은 멀어지고 자연과 멀수록
병은 가까워진다." - 괴테(Johann Wolfgang von Goethe)

어느 날, 모임 멤버 중 한 분이 유모차를 밀고 왔다. 엄마가 유모
차에서 아기를 들어 올리자 멤버들 시선이 일제히 아기에게 쏠렸
다. 통통한 다리를 보고도, 캐릭터가 그려진 기저귀를 보고도, 하물
며 아기가 호기심 어린 눈으로 우리를 쳐다만 봐도 다들 "오!" "아!"
"이야!" 하는 감탄사를 연신 쏟아냈다.

만삭의 임산부는 곧 다가올 현실을 가늠해보느라 아기에게 시선
을 떼지 못했다. 나처럼 제법 큰 아이를 기르는 엄마들은 추억을 회
상하며 흐뭇하게 쳐다봤다. 아기를 조심스레 안아 든 멤버는 말랑
거리는 아기 감촉에 들떠서 볼이 발그레해졌다.

그때 나는 멤버들 얼굴 하나하나를 유심히 들여다봤다. 기쁨이나
슬픔 등 비교적 선명한 감정이 빗겨 앉은 자리에 '무장 해제된' 여
유로움, 즉 '경외심'이 들어차 있었다.

우리도 한때는 저렇게 작은 생명체였다. 그리고 저 꼬물거리는 생명이 무럭무럭 자라 우리 같은 어른이 될 것이다. 너무도 흔해서 아무도 주목하지 않는 자연 법칙 앞에서 우리는 그렇게 오랫동안 감탄사를 연발했다.

그런가 하면 내가 지하철에서 노약자석 옆에 서 있을 때였다. 피곤한지 어르신들이 앉자마자 두 눈을 꼭 감았다. 그들 중 한 노부부가 유독 내 눈에 들어왔다. 이목구비며 체형까지 두 분은 어느 것 하나 닮은 데가 없었다. 하지만 놀랍게도 둘은 참 비슷해 보였다.

'완전히 다른 두 얼굴이 왜 닮아 보이는 걸까?'

잠시 후 그 이유를 알아냈다. 눈가 주름 모양과 입매의 위치가 똑같았던 것이다. 부부는 수십 년 동안 서로를 거울삼아 같은 표정을 지었던 게 틀림없었다. 그렇게 꼭 닮아버린 두 얼굴이 '자연의 법칙' 마냥 내 눈앞에 있었다. 순간 "아…." 하는 소리가 절로 새어 나왔다.

나는 어릴 적에 어두컴컴한 어둠을 헤치고 아빠를 따라 자갈치 시장에 자주 가곤 했다. 뿌옇게 날이 밝아오는 시장에 도착하면, 파닥거리는 생선들이 온갖 생명력을 뿜어대며 내 시선을 움켜쥐고 놓아주지 않았다. 그런데 딱 하나, 내 시선을 떼어가는 것이 있었다. 생선을 손질하는 할머니들의 날쌘 손놀림! 한두 해 익은 솜씨가 아닌 그것은 흡사 소림사 고수의 무예에 가까웠다. 옆에 앉은 할머니와 맛깔나는 대화를 이어가면서도 한치의 오차를 허용하지 않는 단호함, 그 앞에서 나는 "우와!" 소리를 연거푸 내며 서 있었다.

우리가 느끼는 수많은 감정 중에서 특정한 감정이 체내 염증 수

준을 낮춘다는 연구 결과가 있다. 그 감정이 바로 '경외심'이다. 우리는 기존 이해를 넘어서는 사실이나 대상을 접할 때마다 경외심을 느끼는데, 캘리포니아 대학교 연구팀이 경외심에 관해 이렇게 말했다.

"경외심에는 염증 물질을 적절한 수준으로 유지시키는 작용이 있다. 자연 속을 거닐거나 뛰어난 예술 작품을 접하는 등의 활동은 모두 긍정적인 감정을 일으켜 건강과 수명에 커다란 영향을 미친다."

실제로 넓은 바다나 웅장한 산과 같은 대자연을 보여주는 것만으로도 피실험자의 삶의 만족도가 올라간 것으로 조사되었다. 따라서 경외심을 자주 느끼는 사람일수록 타인에게 친절하고, 욕구를 더 잘 참아낸다고 한다.

생각해보면 일상 속에서 경외심을 느낄 일은 그리 많지 않다. 하루가 다르게 자라는 아기나 광활한 대자연을 매일 볼 상황이 아니라면 말이다. 그렇다고 이 유익한 감정을 느끼지 않고 살아가는 것은 너무도 아쉽다. 그러니 어떤 방식으로든 경외심을 느끼기 위해 노력하는 것이 좋겠다. 애써 자연을 보러 가거나, 놀랄만한 예술 작품을 찾아보거나, 그도 아니면 신기한 이야기라도 읽으며 스스로를 경외심에 노출하면 어떨까? 이것이야말로 삶을 윤택하게 만드는 쉬운 방법 중 하나이지 않을까?

'경외심의 위대함을 믿어보자! 일상에서 가능한 자주, 그리고 많이 경외심을 느껴보는 노력을 해보는 건 어떨까?'

당신의 자아 찾기

'글쓰기는 자아 찾기를 위한 최선의 방법이다'

"남들보다 더 잘하려고 고민하지 마라. '지금의 나'보다 잘하려고 애쓰는 것이 더 중요하다." - 윌리엄 포크너(William Faulkner)

은유 작가는 교보문고에 가면 책에 질린다고 한다. 이렇게 많은 책이 있는데, 자신마저 하나를 더하니 괜스레 나무에게 미안하기도 하단다. 뿐만 아니라 30~40대 여성 저자들의 면면을 보고 있으면 자신 같은 평범한 여자가 감히 글을 써도 되나 싶은 의구심이 들기도 한단다. 전문직 종사자는 물론, 아이들을 영재로 길러낸 엄마, 요리 연구가, 정치인까지 그야말로 '특별히' 할 말 많은 사람들이 낸 책들 사이에 자신의 책을 발견하는 마음을 상상해보라. 살림하고 밥벌이하며 자아 찾기 하느라 이리저리 힘든 '평범한' 여자의 마음 말이다.

그런데 다르게 생각해보면, 평범한 사람들이 반복되는 일상을 어떻게 살아내는지를 가장 잘 말할 수 있는 사람은 바로 그녀 같은 '평범한' 사람이 아닐까? 특별한 사람들이 들려주는 특별한 하루는 우리의 것와 너무도 동떨어져 있으니까 말이다.

어느 날, 그녀는 문자 한 통을 받았다.

"네 책 읽고 내가 글 쓰는 삶을 사는 게 자랑스러웠어."

그녀에게 일감을 준 편집자 선배의 문자였다. 어떻게 해서든 그녀에게 글 쓸 기회를 주기 위해 노력한 귀인이기도 한 그분 덕분에 은유 작가는 생의 곤궁기를 이겨냈노라 말한다.

'한 사람이 글 쓰는 삶을 살기 위해서는(연습과 노력 외에) 자기를 알아주는 사람, 자기를 믿어주는 사람이 필요하다는 것, 그것이 단지 구직을 넘어 삶의 자리를 되찾아 주는 일임을 나는 선배와의 인연에서 실감했다. 나는 누구에게 황금 같은 말을 건네주는 처음이자 글 쓰는 삶을 찬미하는 증인이 되어 줄 수 있을까.'

나는 이 대목을 읽고 또 읽었다. 그리고 생각했다.

'나야말로 한 번이라도 누군가에게 황금 같은 말을 건네준 '처음'이 되어준 적이 있었던가?'

블로그 이웃님들의 글을 읽다 보면 문득문득 놀라곤 한다.

'이분 왜 본격적으로 글을 쓰지 않는 거지?'

'이분이 책 내면 바로 사 봐야지.'

'오늘은 어떤 글을 올리실까?'

그중 세 분만 추려보면 다음과 같다.

우선 '두근두근'님!

나는 동화를 쓰면서도 동화에 대해 적지 않은 편견을 가지고 있었다. 아이들'만'을 위한 책이 동화책이라든가, 동화책에서는 삶의 본질까지는 발견할 수 없을 거라는 편견 말이다. 그런데 이 편견을 과감하게 깨주신 분이 바로 '두근두근'님이다. 그녀는 매일 블로그에 그림 동화책 한 권을 소개해준다. 읽다 보면 어떤 날엔 머리 한 대를 매섭게 맞은 듯 멍해지기도 하고, 또 어떤 날엔 눈물이 핑 돌아 괜히 입술에 힘을 주기도 한다.

그녀 덕분에 깨달았다. 아이들에게는 살아갈 힘을 주기 위한 책이지만, 읽어주는 어른들에게는 철학책이 되는 것이 바로 동화책이란 사실을!

두 번째, '독학맘'님!

독학으로 이런저런 공부를 하고, 그 내용을 블로그에 올리시길래 그냥 공부를 좋아하는 평범한 엄마인 줄 알았다. 그런데 어느 날, 그녀가 쓴 글을 읽다가 울컥하고 말았다. 한 마디로 너무 '평범해서' 너무 '특별했다.' 은유 작가가 말한 평범한 사람이 반복되는 삶을 어떻게 살아내는지를 알려주는 글을 찾은 셈이었다. 매일 흔들리는 삶을 넓은 마음으로 품어버리는 그녀의 글을 통해 나는 그녀가 어떤 사람인지 단번에 알 것 같았다.

세 번째, '래미'님!

글을 물건에 비유할 수 있다면 그녀의 글은 '현미경'이다. 그녀는 매일 아침 익숙한 코스를 달린다. 하지만 익숙하지 않은 것들을 발견해낸다. 그것은 분명 특별한 능력이다. 그 현미경 같은 감각이 세상을 끌어당겨 그녀라는 필터를 거치면 한 편의 멋진 글이 완성된다. 그리고 그 글이 많은 이들에게 깊은 울림을 준다.

이렇게 특별한 사람들이 본인의 특별함을 모른 척하지 않으면 좋겠다. 그들이 누구보다 열심히 자아를 찾고 있다는 사실을, 나도 그들도 잘 알고 있으니까 말이다. 그리고 대부분의 사람들은 우리 같은 평범한 사람들이란 사실 또한 잊지 않으면 좋겠다. 그러한 이유로 우리의 마음을 흔들 이야기는 유명인의 성공담이 아니라, 바람에 흔들리며 걸어가는 바로 우리 자신의 이야기일 수밖에 없지 않을까?

스티븐 킹이 말했다.

"창작이 곧 삶이라고는 할 수 없지만, 때로는 창작이 삶을 되찾는 방법이다."

글을 쓰다 보면 삶을 되찾을 수 있을지 모른다. 내가 어떤 사람인지 나 스스로 정의 내릴 수 있을지도 모른다. 그러다 결국에 우리의 '자아 찾기'가 성공할는지도 모른다.

나는 희망한다. 평범한 '우리'가 글을 통해 자아 찾기에 성공하기를!

'글을 써보자! 그리고 그 글 속에 나를 담아 보자! 그러면 어느 순간, 내가 어떤 사람인지 글에서 발견할 수 있을지도 모른다.'

당신의 말은 봄바람인가요?

'말의 힘은 강력하다'

"내 뱉는 말은 상대방의 가슴속에 수십 년 동안 화살처럼 꽂혀있다."

– 롱펠로(Henry Wadsworth Longfellow)

오늘 아침, 남편과 사소한 말다툼을 했다.

한 번씩 남편과 싸우면 새삼 느끼는 것이 있다.

'말은 힘이 세다.'

특히 말에 부정적인 에너지를 가득 담아 쏘아대면, 그야말로 무기가 따로 없다. 서로에게 생채기를 내겠다고 쏘아대는 것이니 얼마나 날카롭겠는가. 그러다 감정이 누그러져 사과 한마디를 건네면, 다시 한번 느낀다.

'역시 말은 힘이 세다.'

차가운 눈보라가 몰아치던 마음 밭에 언제 그랬냐는 듯 봄바람이 살랑살랑 불어오기 시작한다. 결국 마음 밭에 풍년이 드는 것도, 흉년이 드는 것도 다 말 때문이 아닐까?

《최강의 인생》이라는 책에 말의 강력한 힘에 관한 일화가 나온다.

제이제이 버진이라는 작가의 이야기다. 몇 년 전에 그녀의 아들 그랜트가 뺑소니 사고를 당해 심각한 지경에 이르렀다. 의료진은 그랜트가 앞으로 깨어나지 못할 수도 있다고 했다. 설령 깨어난다고 해도 영원히 걷지 못할 수 있다는 말도 덧붙였다. 하지만 그녀는 그 말을 결코 믿지 않았다. 그래서 그랜트가 혼수 상태에 빠져 있을 때에도 의료진은 물론 주변인들에게 그랜트 옆에서 비관적인 가능성을 언급하지 말라고 당부했다. 한마디로 '말조심'하라는 의미였다.

시간이 지나 기적적으로 그랜트가 깨어났다. 그녀의 당부 덕분에 누구도 그에게 장차 걷지 못할 수도 있다는 사실을 말하지 않았다. 그래서인지 그랜트는 자신이 완벽하게 건강을 회복할 것이라는 사실을 추호도 의심하지 않았다. 그 후 오랜 노력 끝에 그는 건강을 되찾는 데 성공했다.

만약 제이제이 버진이 말의 힘을 믿지 않았다면 어땠을까? 그랜트에게 비관적인 가능성을 수시로 언급했다면 어땠을까?

결국 말은 우리를 믿음으로 이끌고, 그 믿음을 견고하게 하는 강력한 힘을 발휘하는 건 아닐까?

그런가 하면 한 방송사에서 진행된 아나운서 선발 프로그램에서 인상 깊은 대답을 한 두 출연자가 있었다.

"어떤 아나운서가 되고 싶죠?"

이 공통 질문에 한 지원자가 신문지에 싸인 꽃을 들고 말했다.

"꽃은 언제 가장 아름다울까요? 전 화려한 포장지에 싸인 장미 꽃보다 조금 투박하고 눈에 잘 띄지는 않지만 신문지에 싸인 꽃이 더 매력적이라고 생각합니다. 화려한 겉모습보다는 원래의 향기를 지키는 아나운서가 되겠습니다."

이는 자신의 매력을 센스 있게 어필한 대답이었음이 분명하다.

다음 지원자는 보청기 사진을 들고 이렇게 말했다.

"저희 어머니는 사고로 양쪽 고막을 잃으셨습니다. 보청기에 의지해 살고 계시죠. 그래서 저는 어릴 때부터 크고 또박또박하게 말해왔습니다. 지금까지는 어머니를 위한 소통의 창이었지만, 앞으로는 국민 모두의 소통의 창이 되고 싶습니다."

둘 중 누구의 말이 더 공감을 불러왔을까? 예상한 바와 같이 두 번째 출연자의 말에 공감하는 사람이 더 많았다.

말은 누군가를 살릴 수도 있고, 죽일 수도 있다. 누군가에게 믿음을 줄 수도, 뺏을 수도 있다. 남을 공격하려는 의도로 사용하면 한없이 뾰족한 무기가 되지만, 남을 도우려는 의도로 사용하면 따뜻한 봄바람이 될 수도 있다.

이처럼 마음 먹기에 따라 무기가 될 수도, 봄바람이 될 수도 있는 말. 우리는 과연 어떤 용도로 사용하고 있을까?

'말은 보이지 않지만 무엇보다 강력하다! 당신의 입에서 무기가 나올지, 봄바람이 나올지는 온전히 당신에게 달렸다!'

당신은 노력을 강요하고
있진 않나요?

'존재 자체에 대한 사랑이 진짜 사랑이다'

> "당신은 다만 당신이란 이유만으로도 사랑과 존중을 받을
> 자격이 있다." - 앤드류 매튜스(Andrew Matthews)

자수성가한 부모들이 가장 이해할 수 없는 건 노력하지 않는 자녀라고 한다. 삶의 치열함을 몸소 겪은 부모로서는 그야말로 '헝그리 정신'이 부족한 자녀가 못마땅할 수밖에 없다. 이와 마찬가지로 학창 시절에 공부를 잘했던 전문직 부모들은 자신의 자녀가 좋지 않은 성적을 내는 것을 이해할 수 없다. 어쩌면 자신에게 있는 '공부 재능'이 아이에겐 없을지 모르는데도 말이다.

이 모두가 오로지 '자신만의 관점'에서 아이를 바라보기 때문은 아닐까? 결과와 성취에만 집중한 탓은 아닐까?

나는 내가 계획한 바를 거의 매일 완수하려고 한다. 뭔가를 조금씩이라도 성취하는 편이 내 불안을 잠재우기 좋고, 작은 성취를 모아 큰 것을 이루는 편이 현명하다고 생각하기 때문이다. 나의 이러한 성향 때문인지 우리 아이도 어릴 때부터 스스로 계획을 세우고 잘 지켜나가는 편이었다.

저는 후보 3번입니다만…

그런데 어느 날, 우리 아이가 계획한 공부를 하지 않고 빈둥거리고만 있었다. 다음 날도 아이의 빈둥거림이 이어졌다. 그래도 나는 때가 되면 아이가 잘 알아서 하겠지 싶어 잔소리를 하지 않고 꾹 참았다. 하지만 사흘째 밤이 되었는데도 아이는 빈둥거리기만 할 뿐이었다. 게다가 할 일을 미루려고 변명을 늘어놓기 시작했다.

사실 나는 잘 이해가 되지 않았다. 변명을 할 시간에 그냥 시작하면 되지 않나 싶었기 때문이다. 그런데 나와는 달리 미루기 습관이 있는 남편은 아이의 입장을 적극적으로 옹호해주었다. 해야 하지만 하고 싶지 않은 마음을 누구보다 잘 이해한다면서 말이다.

결국 나는 노력의 중요성에 대해 잔소리를 늘어놓기 시작했다. 우리의 삶은 유한한데, 매일을 의미 없이 흘려보낸다면 참으로 허무하지 않겠냐는 취지의 잔소리였다. 아이는 잔소리를 그만 듣고 싶었는지 대충 고개를 끄덕이고 책상에 앉았다.

그런데 《인생을 바꾸는 데는 단 하루도 걸리지 않는다》라는 책을 읽다가 나의 관점에 대해 다시금 생각해보게 되었다. 책의 말미에 저자가 자신의 큰딸 이야기를 풀어놓았다. 저자의 큰딸에겐 지적장애가 있다. 그래서 그 아이에게는 어떤 노력도 기대할 수가 없다. 노력하는 사람만 가치 있다고 생각한다면, 분명 그 아이는 크게 부족해 보일 것이다. 하지만 그 아이는 반에서 누구보다 따뜻한 아이로 통한다. 다른 아이들과 싸우거나 경쟁하지 않기 때문이다. 게다가 자기보다 약한 아이를 기꺼이 도와주는 건 물론이고, 모두에게 늘 친절하다.

한번은 가족이 주차장에서 주차 요금을 정산하고 돌아서는데, 아이가 갑자기 주차 요금 정산원에게 달려갔다. 그러곤 "감사합니다."라고 예쁘게 인사를 했다. 아이 눈에는 가족의 차를 지켜준 그가 고마웠던 것이다. 그러자 주변 사람들이 깜짝 놀라 아이를 크게 칭찬했다.

저자는 말한다.

"인간의 가치는 아주 다양하다. 개중에는 노력을 중시하는 사람도 있지만, 노력만이 유일한 가치는 아니다. 그러니 아이를 바라볼 때, 노력과 성취보다 존재 자체에 감사해야 한다. 그 아이가 이 세상에 있다는 것만으로도 우리에게는 큰 축복이기 때문이다."

이 대목을 읽는데 저자가 마치 내게 하는 이야기인 것만 같았다.

나는 내가 기울이는 노력만큼 아이도 노력했으면 좋겠다고 은연중에 생각해왔다. 하지만 그 속을 들여다보면 노력하지 않으면 멋진 성취도 없을 거란 막연한 불안감이 자리 잡고 있었다. 아이에게 행복한 어른이 되라고 입에 발린 소리를 하곤 했지만, 결국 나는 아이의 노력이 사회적 성공으로 이어지길 바랐던 건 아닐까?

살아가면서 기본적으로 노력을 하는 것이 맞긴 하겠지만, 그렇다고 노력을 최고 가치로 두고 아이를 바라봐선 안 될 것 같다. 노력 여부에 상관없이, 아이의 존재 자체를 긍정해주는 따뜻함이야말로 부모가 줄 수 있는 최고의 사랑일 테니까 말이다.

나는 그 책을 읽은 후, 아이에게 쏠렸던 시선을 많이 거두어냈다. 그리고 그 시선을 내 삶에 더 오래 묶어두기 시작했다. 물론 지금도 문득문득 되돌아본다. 내가 나만의 관점으로 아이를 바라보고 평가하고 있는 건 아닐까 싶어서 말이다.

'자녀가 노력하며 사는 것보다 더 중요한 게 뭘까? 바로 존재 자체를 긍정해주는 부모의 태도가 아닐까?'

엄마 냄새

'엄마의 사랑은 울타리가 된다'

"제일 안전한 피난처는 어머니의 품속이다."
– 플로리앙(Florian)

"얘처럼 재주 없는 아이는 처음이에요."

그의 선생님이 어머니에게 한 말이다. 그는 어릴 적부터 잘하는 게 하나도 없었다. 그런데도 그의 어머니는 그에게 끊임없이 용기를 불어넣어 주었다. 그가 되고 싶은 것이면 뭐든지 될 수 있다고 굳게 믿게 한 것이다.

아이는 믿는 대로 자라는 법이라고 했던가? 그는 어머니 말대로 작가로 이름을 날리고 외교관도 되었다.

하지만 업적을 쌓느라 바빴던 3년 반 동안, 그는 어머니와 편지로만 소식을 주고받았다. 2백 통이 넘는 편지에서도 어머니는 한결같이 아들에게 용기를 주었다.

여느 때처럼 어머니의 편지가 도착했다. 하지만 아들은 뭔가 크게 잘못되었다는 걸 뒤늦게 깨달았다.

'사랑하는 내 아들아, 우리가 헤어진 지 어언 여러 해가 지났구나. 난 이제 네가 날 보지 않는 데 길이 들었기를 바란다. 왜냐하면 결국 난 영원히 있을 수는 없으니 말이다. 내가 너를 한 번도 의심해 본 일이 없음을 명심해라. 네가 집으로 돌아와 모든 것을 알았을 때 나를 용서해주기 바란다. 나는 달리 할 수가 없었단다.'

돌아가시기 전에 어머니는 2백 통이 넘는 편지를 미리 써두었다. 그리고 스위스에 있는 친구에게 편지를 전했다. 아들에게 규칙적으로 발송해줄 것을 당부하면서. 어머니는 자신이 존재하지 않을 때에도 아들이 용기를 가지고 살아가길 희망했던 것이다. 이는 《새벽의 약속》이라는 자전소설에 나오는 작가 로맹 가리의 이야기다.

엄마의 특별한 사랑을 절실히 느낀 경험이 내게도 있다.

내가 고3 막바지였을 때, 대학 지원서를 쓰는 주간이 되었다. 당시 부모님은 망한 사업 탓에 시골에서 농사를 짓고 있었다. 그래서 시외버스를 타고 부산까지 오는 일이 그리 쉽지 않았다. 할 수 없이 나는 그냥 나 혼자 알아서 지원서를 쓸 생각이었다. 그런데 며칠 전, 별 기대 없이 엄마에게 전화로 넌지시 물었을 때, 어쩐 일인지 엄마가 흔쾌히 오겠다고 했다.

당일 날, 복도 끝에서 엄마를 기다리는데 깔끔한 차림의 몇몇 엄마들이 상담을 마치고 내 옆을 지나갔다. 그들이 지나간 자리마다 화장품 냄새와 비누 냄새가 은은하게 머물렀다.

약속한 시간이 되었는데도 우리 엄마는 보이지 않았다. 난 발을 동동 구르며 손톱을 물어뜯기 시작했다. 시간이 더 지나자 배가 쿡쿡 쑤셔왔다. 그러다 엄마에게 괜히 오라고 했다며 구시렁거리는 소리가 연신 입안에 흘러넘쳤다.

한참 만에 헐레벌떡 복도를 달려오는 엄마 모습이 눈에 들어왔다. 쌀쌀한 날씨인데도 땀이 뚝뚝 떨어지고 있었다. 버스에서 내리자마자 쉬지 않고 달려온 게 틀림없었다. 그런데 반가움도 잠시, 엄마한테서 나는 흙냄새와 거름 냄새가 내 신경을 긁어댔다.

늦어진 시간 탓에 나는 얼른 엄마를 상담실로 밀어 넣었다. 상담은 비교적 짧게 끝났고, 상담실에서 나온 엄마를 보자마자 내가 급하게 물었다.

"엄마, 선생님이 뭐래?"

"그냥 적당히 공부는 잘한다고 하던데."

"그래? 그래서 엄마는 뭐랬어?"

"뭐라고 하긴 뭐라고 해…."

엄마는 별걸 다 묻는다는 듯 무심히 말했다.

"뭐랬는데?"

내가 다시 물었다.

"짐승들 밥 주러 가야 된다고 했지 뭐."

순간 심장이 덜컥 내려앉았다.

"정말 그렇게 말했어?"

내가 나무라듯 물었다.

"응. 왜 틀린 말이라도 있어?"

저는 후보 3번입니다만…

엄마는 진지한 눈으로 날 쳐다봤다. '가축'이라는 단어를 뒤늦게 내밀고 싶었지만, 이미 소용없는 일이었다.

"그래도… 부끄럽게 짐승들이 뭐야!"

나는 찬바람을 가득 담아 툭 내뱉었다.

"부끄럽긴 뭐가 부끄러워!"

엄마 눈꼬리가 푹 내려앉았다.

잠시 후, 나더러 집에 조심히 가라고 말하고 엄마는 돌아섰다. 정작 조심히 집에 닿아야 할 사람은 본인이면서.

난 멀어지는 엄마 뒷모습을 보며 가만히 서 있었다. 그때 문득 내 시선이 엄마 옷에 가 닿았다. 가지고 있는 옷 중에서 가장 깨끗한 것으로 골라 입은 게 분명했다. 순간 마음이 콕 쑤셨다. 눈물이 왈칵 쏟아질 것 같아 교실로 급히 내달렸다.

왜 나는 그때 엄마에게 따뜻한 말 한마디 건네지 않았을까?

왜 나는 그때 와줘서 고맙다고 말하지 않았을까?

왜 나는 그때 조심히 가라고 손을 흔들지 않았을까?

흙냄새, 거름 냄새가 뭐 그리 대수라고.

'짐승들'이라는 단어가 뭐 그리 부끄럽다고.

자식 일이라고 먼 길 마다 않고 달려온 엄마에게 나는 왜 그랬을까….

'엄마라는 존재는 늘 우리에게 든든한 울타리가 되어준다.'

엄마 제비, 엄마 박새

'비교는 예상외의 긍정 효과를 가져온다'

"양육은 자녀에게 삶의 기술을 가르치는 것이다."

– 일레인 헤프너(Elain Heffner)

아침 공부를 하면서 아이가 씩씩거리는 소리를 냈다. 뭔가가 잘 풀리지 않는 모양이었다. 그럴 때는 융통성을 발휘해 적당히 건너뛰면 좋으련만, 아이는 계속 실랑이를 이어갔다.

아침밥을 준비하면서 아이의 씩씩거리는 소리를 듣는 건 그리 유쾌하지 않다. 융통성에 관해 몇 번 말했는데도, 아이는 그게 참 어렵다는 말만 반복했다. 터져 나오는 잔소리를 누르려 나는 일부러 입을 꾹 닫아버렸다.

잠시 후, 드라이기로 아이 머리를 말려주고 돌아서는데 아이가 휴대용 가글 통에 가글을 채워달라고 부탁했다. 그래서 열심히 가글액을 붓고 뚜껑을 닫았는데, 깨진 뚜껑 사이로 가글이 줄줄 새어 나왔다. 그때쯤 나는 이미 예견하고 있었다.

'아침이 길겠군.'

저는 후보 3번입니다만…

아이는 몇 번 더 툴툴거리다가 입을 옷을 고른다며 서랍을 거칠게 잡아당겼다.

훌렁!

서랍이 빠지면서 레일이 사정없이 꺾여버렸다. 바로 끼워 넣을 수 없을 만큼 휘어버린 레일이 날 노려보고 있었다.

'아! 슬픈 예감은 왜 빗나가지 않는 걸까?'

월요일 아침, 나만 상쾌하게 시작하는 건 아무 소용이 없다. 씩씩 거리는 소리를 시작으로 가글 뚜껑에 서랍까지 더해지니, 그야말로 의욕이 감쪽같이 사라져버렸다.

아이는 어디까지나 실수였다는 말만 남기고 후다닥 학교로 도망쳐버렸다.

톡, 빠져버린 이빨처럼 떨어져나온 서랍과 나만 덩그러니 남았다. 할 수 없이 연장통을 들고 와서 아침부터 망치질을 했다. 한참 만에 꺾인 레일을 달래어 일자 비스무리하게 펴는 데 성공했다. 물론 그렇다고 예전과 똑같을 순 없었다. 딱 상한 내 마음만큼 레일도 살짝 삐뚜름했다. 나는 빠진 이빨을 달래듯 서랍을 제자리에 살살 밀어 넣었다.

덜컹!

매끈하지 않다는 걸 알리는 소리와 함께 다행히 자리를 찾아 들어갔다.

'아이를 키우는 일은 왜 이렇게 힘든 걸까?'

서랍장을 보며 나 혼자 한참을 씩씩댔다.

그래도 그나마 《이기적 본능》이라는 책을 읽으며 조금 위안을 얻었다. 나보다 훨씬 힘들게 엄마 노릇을 하는 동물들을 발견했기 때문이다.

우선 자식을 위해 '적극적인' 양육을 하는 동물은 조류와 포유류 뿐이라고 한다. 이는 전체 동물의 1% 이하밖에 되지 않는다. 그러니까 다른 동물들은 새끼들을 방치하거나 소극적으로 보호해주는 정도에 그친다는 뜻이다.

첫 번째 소개할 나보다 힘든 엄마는 '제비'다. 엄마 제비는 새끼를 위해 2~3분 마다 한 번씩 먹이를 나른다. 그러니 하루에 약 200개에 달하는 먹이를 가져다주는 셈이다. 이런 노력 덕분에 알에서 막 깨었을 때는 고작 1.5그램이었던 새끼가 보름 후엔 22~23그램까지 성장한다. 무려 12배 이상 무게를 늘릴 수 있는 건 다름 아닌 엄마 제비의 정성 덕분인 것이다.

두 번째 힘든 엄마는 '박새'다. 평균 약 40초에 한 번 꼴로 새끼에게 먹이를 가져다준단다. 하루에 벌레 천 마리를 새끼 입에 넣어준다니 놀라울 따름이다.

그런데 신기한 점은 독립할 때 무게가 22그램으로 늘어난 새끼들은 약 3개월 뒤에 생존률이 40%에 달하지만, 무게가 그보다 훨씬 부족한 새끼들은 거의 생존하지 못한다고 한다. 그러니 자식의 생존을 간절히 바라는 마음으로 엄마 박새가 최선을 다해 벌레를 먹이는 게 아닐까?

그 외에도 일본 미쿠라지마에서 번식하는 섬새는 새끼 먹이를 구하러 최대 1,000킬로미터까지 날아가기도 한다. 집으로 돌아오려면 이틀 밤낮을 비행한다니, 한 마디로 새끼 키우기가 세상에서 가장 어려워 보인다.

엄마 새들은 지금도 눈을 부릅뜨고 먹이를 찾고 있지 않을까?
그에 비해 나는 한없이 편하게 양육하고 있다는 결론에 이를 때쯤, 단축 수업으로 아이가 평소보다 일찍 집에 왔다. 문을 열어주니 배시시 웃는 얼굴로 아이가 말했다.

"엄마! 아직도 삐쳤어?"

헉! 내가 아침부터 누구 때문에 분노의 망치질을 했는데? 날 삐치기나 하는 속 좁은 엄마로 몰아가는 저 능청스러움이라니!

얄밉다며 눈을 흘기다가, 나는 고 작은 입에 넣어줄 먹이를 찾아 후다닥 냉장고 문을 열며 생각했다.

'엄마 제비 ,엄마 박새보단 훨씬 쉽게 새끼를 키우는 게 아니겠는가!'

'아이를 키우는 일은 누구에게나 힘든 법이다. 힘들고 지칠 때마다 엄마 제비와 엄마 박새를 떠올려보는 건 어떨까?'

'우리 모두는 연결되어 있다'

"나는 내가 아픔을 느낄 만큼 사랑하면 아픔은 사라지고
더 큰 사랑만이 생겨난다는 역설을 발견했다."

– 마더 테레사(Teresa)

"미안하지만 나도 이제 한계야."

여자친구 목소리에 슬픔이 녹아있었다.

"그래. 입이 열 개라도 할 말이 없다. 그래도 다음 시험엔…."

마른 세수를 하며 내가 말했다.

"아니! 기약 없이 기다리기도 지쳤다고. 그리고… 사실 나 지난
주에 소개팅했어. 조건도 꽤 괜찮고…."

그녀는 슬쩍 내 눈치를 보곤 말끝을 흐렸다. 갑자기 내 얼굴이 후
끈 달아올랐다. 그녀가 다시 한번 날 흘끔 쳐다봤다. 작은 안도감이
그녀의 얼굴 곳곳을 훑고 있었다.

"나도 할 만큼 했다고!"

마치 채무 관계가 끝났으니 질척거리지 말라는 말투로 그녀가
말했다. 만약 내가 시험에 합격했다면 보란 듯이 이자까지 갚을 수
있었던 걸까?

"그만하자!"

내가 벌떡 일어나 가게 문을 나섰다. 그녀는 끝내 따라 나오지 않았다. 어쩌면 그녀가 간절히 바란 결말인지도 몰랐다.

비가 부슬부슬 내리고 있었다. 온몸이 눅눅하게 젖어가는 불쾌감이 꼭 내 인생 같았다. 그리고 무언가를 끝내기에 딱 알맞은 날씨 같았다.

그 순간부터였다. 아무리 열심히 생각을 밀어내도 소용없었다. 그저 세상에서 나를 지우고 싶다는 생각밖에 떠오르지 않았다. 처음부터 존재하지 않았던 것처럼 말끔히!

다음 시험을 준비할 의욕조차 생기지 않았다. 무기력한 날들이 지속되자 보다 못한 엄마가 날 병원에 데려갔다. 의사는 흔하디 흔한 우울증 환자 한 명이 더해졌을 뿐이라는 듯 무심히 말했다.

"약 먹고 좀 쉬시면 됩니다."

매일 눈을 감고 있어도 좀처럼 잠이 들지 않았다. 깨어있는 동안 다른 생각은 아예 떠오르지 않았고, 오직 나를 지우는 방법만 생각하고 또 생각했다.

하루는 무슨 이유에선지 한강에 가려고 집을 나섰다. 분주히 오가는 사람들 때문에 현기증이 났다. 이어폰을 귀에 꽂아 넣자 그나마 살 것 같았다. 천천히 지하철 계단을 내려갔다. 뭐가 그리 급한지 몇몇은 뛰어 내려가느라 이리저리 사람들과 부딪혔다. 시간은 누구보다 많았지만, 희망은 누구보다 없었던 나는 서두를 이유가 하나도 없었다.

휘적휘적 계단을 다 내려갔을 때다. 지하철이 이제 막 떠나려는 게 보였다. 그런데 한 여자가 금방이라도 울 것 같은 얼굴로 날 쳐다보고 있었다. 그녀도 자신을 지우고 싶은 사람인지 궁금해졌다. 그녀의 일그러진 표정을 보자 묘한 동질감이 들었다. 그런데 입 모양을 보니 무언가 말을 하는 것 같았다. 나는 얼른 이어폰을 빼냈다.

"여섯 살….."

그녀의 말이 희미하게 들렸다. 고개를 돌려 주변을 살폈다. 나 혼자였다.

"네? 뭐라고 하신 거예요?"

내가 가까이 다가가며 물었다.

"여섯 살 아들이 있어요."

완전한 문장은 더 이상했다. 아들이 있는 게 나랑 무슨 상관일까?

"그래서요?"

답답해진 내가 물었다.

"여섯 살 아들이 있어요. 제발 절 좀 도와주세요!"

그녀의 뺨을 타고 눈물이 미끄러졌다. 그제야 나는 보았다. 그녀의 한쪽 발이 문에 끼여 있는 걸. 나는 얼른 두 손으로 문을 열었다. 다음 순간 그녀의 발끝이 도토리 떨어지듯 툭, 빠져나왔다. 그와 동시에 지하철이 쌩 달려갔다.

"감사해요…. 정말 죽는 줄 알았어요."

그녀가 턱에 매달린 눈물을 닦아내며 말했다. 단 몇 초 만에 삶과 죽음을 생생히 경험한 얼굴이었다. 그녀 얼굴에 서린 안도감을 보

저는 후보 3번입니다만…

자 내 심장이 덜컥 내려앉았다. 코 앞까지 다가왔던 죽음을 지워버린 그녀는 연신 가슴을 쓸어내리고 있었다.

만약 '죽음'이 물건이라면, 그녀는 "여기 받으세요. 당신이 줄기차게 찾던 거잖아요."라며 내게 양보할지도 몰랐다. 그러면 나는 덥석 그 '선물'을 받을 수 있을까?

어깨를 축 늘어뜨린 그녀가 터벅터벅 걸어갔다. 멀어진 그녀와 달리 그녀의 말은 여전히 내 귓가에 생생히 남았다.

"여섯 살 아들이 있어요!"

나는 한참을 서 있다 지하철역 밖으로 나왔다. 그리고 걷고 또 걸어 엄마가 일하는 식당으로 갔다. 땀에 젖은 머리칼이 엄마 뺨에 문신처럼 붙어있었다. 날 발견한 엄마 눈이 커다래졌다. 그리고 이내 얼굴이 환해졌다. 나는 생각했다. 어쩌면 엄마가 내 여섯 살 아들인지 모르겠다고.

다음 해 어느 날, 나는 퇴근 후 서점에 갔다. 신간들을 이리저리 구경하다가 한 권을 집어 들었다.

'엄마에게 안부를 묻는 밤.'

제목도 표지도 따뜻해 보여 대충 읽기 시작했다. 그러다 263쪽에 실린 그녀의 '허당 에피소드'에서 숨이 턱 막혀왔다. 믿을 수 없어서 읽고 또 읽었다. 그날 내가 도와준 그녀였다! 자신을 구해준 청년에게 고맙다는 말이 선명하게 적혀 있었다.

그녀는 알까? 그날 내가 그녀를 구한 게 아니라, 그녀가 날 구했다는 사실을?

내가 좋아하는 에세이 《엄마에게 안부를 묻는 밤》 263쪽에 저자의 아찔한 경험 이야기가 나온다. 저자는 뒤늦게 지하철에서 내리려다 발이 끼였다고 한다. 다행히 두 청년의 도움으로 위기를 모면한 저자는 세상을 떠난 엄마가 도와준 것이 아닐까 하고 생각했단다.

나는 그 대목을 읽으면서 조금 슬펐고 동시에 조금 안도했다. 그리고 우리 모두가 알게 모르게 연결된 것은 아닐까 생각했다. 그 생각은 '죽음을 생각하던 청년이 살아갈 의지를 다지는 상상'으로 이어졌다.

가장 절실한 순간이 되면 가장 소중한 존재가 떠오르기 마련이다. 엄마가 위기의 순간에 여섯 살 아들을 떠올렸듯이 말이다. 누구에게나 '여섯 살 아들' 같은 존재가 있을 것이다. 만약 세상에서 자신을 지우고 싶은 마음이 든다면, 그 소중한 존재를 떠올려보자. 그리고 그 존재가 눈에 밟힌다면, 다시 힘을 내어 살아봐야 하지 않을까?

나는 이 이야기를 쓰면서 '우리 모두는 연결되어 있다.'라고 강력하게 믿게 되었다. 내가 다른 사람들 덕분에 힘을 얻듯, 누군가도 나로 인해 살아갈 힘을 얻는다면 더없이 행복할 것만 같다.

'우리는 모두 연결되어 있다. 이 연결 고리 안에서 우리는 타인을 어떤 방식으로 돕고 있을까?'

저는 후보 3번입니다만…

3장

쉬어가는
당신을
위해

지극한 몰입을 경험했나요?

'행복한 사람은 몰입을 즐긴다'

"집중력은 광선같은 것이라서 우리를 가로막는
어떤 것이라도 뚫고 나갈 수 있다."
- 토니 로빈스(Tony Robbins)

"머릿속으로 내가 바라는 것을 생생하게 그리면 온몸의 세포가
그 목적을 달성하는 방향으로 조절된다."

철학자 아리스토텔레스가 한 말이다.

우리가 무언가를 강력하게 원하면 몰입으로 이어진다. 그리고 그
몰입을 통해 목적에 도달하게 된다.

화학자 케큘러는 벤젠 구조의 비밀을 풀기 위해 밤낮으로 벤젠
생각만 했다. 그러던 어느 날, 이상한 꿈을 꾸었다. 뱀이 자기 꼬리
를 물고 빙빙 돌고 있는 꿈이었다. 그는 잠에서 깨자마자 그 뱀이
돌고 있는 모습을 닮은 고리 형태의 화학구조를 떠올렸다. 그것이
바로 벤젠 구조의 비밀이었다.

황농문 교수님이 쓰신《몰입》이라는 책에 몰입으로 성공한 사람

저는 후보 3번입니다만…

들 이야기가 나온다.

뉴턴은 한 가지 문제에 몰입하면 다른 것은 모두 잊었다고 한다. 식사 시간에도 생각을 멈추지 않아 고양이가 대신 밥을 먹었고, 밤을 꼬박 세우고도 자신이 잠을 안 잤다는 사실을 잊어버리곤 했다. 뿐만 아니라 최소 30분은 불러야 식사를 하러 겨우 나왔고, 저녁 식사로 차려진 음식을 다음 날 아침으로 먹은 적도 있었다. 이런 극적인 몰입 때문에 그는 사람들과 거의 교류하지 않았고, 혼자 산책이나 운동을 하며 여가 시간을 보냈다고 한다.

그런가 하면 괴짜 물리학자 파인만의 몰입도 흥미롭다.

그는 첫 번째 아내와 사별하고 메리 루라는 여성과 재혼했다. 하지만 그들의 결혼은 곧 파경을 맞이했다. 둘의 성향이 달라도 너무 달랐기 때문이다. 메리 루가 사교와 파티를 즐긴 반면, 파인만은 혼자 연구에만 몰입했다.

법정에서 메리 루가 진술한 바에 따르면 파인만의 유일한 취미는 봉고 연주였다고 한다.

"드럼 소리가 지독하게 시끄러웠죠. 게다가 깨자마자 머릿속으로 미적분 문제들을 풀기 시작한답니다. 차를 몰면서도, 거실에 앉아서도, 밤에 침대에 누워서도 미적분을 했죠."

그녀의 진술에 대한 파인만의 항변은 이러했다.

"물리는 나의 유일한 취미입니다. 그것은 나의 일이자 오락이기도 하죠. 내 노트를 보면 알 수 있듯이, 나는 항상 물리에 관한 문제를 생각합니다.

몰입은 지극한 즐거움이다. 이런 몰입을 경험할 수 있다는 것은 한편으로 복받은 일임이 틀림없다. 나 또한 아주 가끔 지극한 몰입을 경험하는데, 그럴 때마다 정신적인 '충만함'을 온몸으로 느끼곤 한다. 그러니 이런 충만함을 전 생애에 걸쳐 지속적으로 느낀다면, 삶이 훨씬 재미있어지지 않을까?

한 번은 우리 아이가 백일장에 참가했다. 세 가지 주제 중에 그나마 쉬워 보이는 것이 '얼굴'이었다. 아이는 고민을 거듭했지만, 떠오르는 얼굴 이야기가 없다며 괴로워했다. 결국 포기를 하려나 싶었는데, 갑자기 뭔가 생각난 듯 고개를 끄덕였다. 그러곤 곧바로 글쓰기에 몰입했다. 연필을 쥔 손에 한껏 힘이 들어갔고, 꼭 다문 입술은 다부져 보였다. 그렇게 한동안 아무 소리도 들리지 않는다는 듯 외부 소음에도 꿈쩍하지 않은 채, 그저 쓰고 지우고만 반복했다.

한 시간이 흐른 후, 마침내 글이 완성되었다. 그런데 아이 눈에 눈물이 그렁그렁했다. 원고지를 제출한 후, 무슨 이야기를 썼냐고 조심스레 내가 물었다.

"어릴 적에 엄마가 유관순 열사 책 읽어줬던 거 기억나? 그때 내가 유관순 열사 얼굴 보고 못생겼다고 말하니까 엄마 표정이 아주 슬퍼졌잖아."

아이는 꽤 오래된 이야기를 선명하게 기억하고 있었다. 사진 속 유관순 열사는 모진 고문으로 얼굴이 통통 부은 상태였다. 물론 어린아이의 눈에는 그저 예쁘지 않은 얼굴이었을 수 있다. 하지만 나는 문득 유관순 열사와 그녀의 어머니 마음을 떠올렸고, 그 때문에

저는 후보 3번입니다만…

아이의 말이 참 아프게 다가왔다.

"그때 이야기를 썼는데, 글을 쓰다 보니까 유관순 열사님께 너무 미안한 마음이 들었어. 얼마나 심한 고문을 당했는지 나는 몰랐었거든. 그래서 아무 생각 없이 못생겼다고 말했던 건데…. 지금 다시 생각하니까 무척 후회가 돼. 그래서 옛날에는 못생겨 보였던 유관순 열사의 얼굴이 지금은 아주 당당하고 멋져 보인다고 썼어. 우리 국민 모두가 유관순 열사의 얼굴이 되어 나라를 지킨다면, 다시는 나라를 빼앗길 일도 없을 거라고."

아이는 진심으로 미안한 표정을 지었다.

한 시간의 지극한 몰입을 통해 아이는 과거를 회상하고, 자각하고, 반성까지 했다. 그 시간이 아주 생생히 각인된 탓인지 그 후 아이는 독립운동가들의 사진을 보고 우스갯소리를 절대 하지 않는다. 사진으로 보이는 모습이 전부가 아니라는 것을 깨달았기 때문이다. 결국 보이는 모습 너머를 생생히 볼 수 있게 된 건 순전히 한 시간의 지극한 몰입 덕분이지 않을까?

'몰입을 경험하라! 정신적 충만함이 우리를 행복하게 할 것이다!'

보이는 게 전부가 아니다

'보이는 것 너머를 보는 것이야말로 진정한 능력이다'

"정말 중요한 건 눈에 보이지 않아!"

- 《어린 왕자》 중에서

"대장님! 도대체 언제까지 그들을 기다려야 합니까? 벌써 5시간이나 지났다고요!"

더 이상 못 참겠다는 듯 대원이 소리쳤다.

"자네, 이렇게 인내심이 없었단 말인가?"

제독이 느긋한 목소리로 말했다.

"하지만 언제까지 기다릴 순 없지 않습니까? 역시 그들의 짧은 다리가 문제겠군요?"

누그러진 목소리로 대원이 물었다.

"허허, 자네, 그들의 진짜 모습을 안다면 까무러치겠군."

제독이 사람 좋은 미소를 흘리며 말했다.

"진짜 모습이라뇨? 펭귄들이 변장이라도 했단 말씀이십니까?"

대원이 눈을 동그랗게 뜨고 물었다.

저는 후보 3번입니다만…

"기억하게나. 보이는 게 전부가 아니라네."

제독이 시선을 멀리 던지며 말했다.

그 아이는 늘 밝고 명랑했다. 게다가 전날 본 드라마의 대사를 거의 똑같이 재현해내는 신기한 능력을 가졌다. 드라마를 못 본 친구에게 혼자 1인 10역을 소화해내며 혼신의 연기를 보여주는 것은 물론, OST까지 멋들어지게 불러주는 신통방통한 재주까지 있었다.

대학생 때, 내가 아르바이트를 하던 곳이 친구네 동네여서 일을 마치고 그 친구네 집에 놀러 가곤 했다.

나는 그 친구가 여러모로 참 부러웠다. 화목한 가정이며, 밝은 성격에 남다른 재주까지. 게다가 어머니 인상마저 밝고 따뜻해서 나는 그 친구에게 질투 비슷한 감정을 느꼈다.

그런데 어느 날부터인가, 내가 아르바이트를 위해 친구네 동네에 있던 날이면 친구랑 연락이 닿지 않았다. 처음에는 그저 우연인 줄로만 알았다. 하지만 횟수가 쌓여갈수록 친구의 의도가 분명하게 보이기 시작했다. 난 서운한 마음과 함께 의구심을 가졌다.

'나를 피하는 이유가 뭘까?'

그 의구심을 떨치기 위해 나는 지난 시간을 세심히 살폈다. 그러곤 뒤늦게 깨달았다. 친구가 나의 방문을 처음부터 부담스러워했다는 걸. 특히 내가 가족사진을 들여다보거나 아버지에 대해 언급할 때마다 친구가 급히 말을 돌렸던 것도 생각났다. 그래서 그 다음부터는 아르바이트 하는 날, 친구에게 일절 연락하지 않았다.

그런데 어느 날, 우연히 그 친구를 아는 다른 분을 통해 그녀의 가족사를 듣게 되었다. 한마디로 아버지가 문제라고 했다. 오랫동안 친구네가 아닌 다른 가정을 이루고 사는 아버지 때문에 가족 모두 속이 말이 아니라는 설명도 이어졌다.

나는 너무 놀라 할 말을 잃었다. 그리고 드라마 속 연기자 대사를 줄줄 읊어대던 친구 얼굴을 떠올렸다. 가혹한 현실 때문에 드라마 속으로 숨고 싶었던 걸까? 드라마 속 대사들을 매번 손쉽게 쏟아내면서도 정작 가족사는 한 번도 내비치지 않은 이유는 무엇일까?

시간이 흘러 우연히 그 친구 엄마를 다시 만났다. 이전에 만났을 때는 분명 그늘 하나 없이 밝고 인자한 모습이었는데, 내가 친구 집안 사정을 알아버린 후라서 그런 걸까? 그분의 얼굴에 드리워진 어둠이 선명하게 보였다. 웃음 끝에 매달린 허무함과 대면하자 나는 서둘러 시선을 피해버렸다.

'남편이 다른 가정으로 퇴근하는 기분은 어떤 걸까?'

그분에게 인사하고 돌아서면서 나는 그분의 슬픔을 가늠해보려 노력했다. 하지만 내가 감히 이해하거나 상상할 수 없는 '너무 깊은 슬픔'일 것만 같았다.

화목한 가정, 밝고 명랑한 성격…. 보이는 것이 전부가 아니라는 걸, 나는 20대 초반에 처음 알게 되었다.

"제독님! 저기 드디어 나타났습니다!"

흥분한 대원이 소리쳤다.

"그렇군. 자네, 녀석들의 다리가 아직도 짧아 보이는가?"

제독이 대원을 놀리듯 물었다.

"그게 대체 무슨 말씀이십니까? 짧아 보이다뇨? 짧은 것이 사실이지 않습니까?"

대원이 이해할 수 없다는 얼굴로 제독을 쳐다봤다.

"녀석들은 다리의 일부만 드러낸 거라네. 다시 말해 무릎을 90도 가량 옆으로 굽히고 있는 거란 말일세. 그러니까 녀석들의 다리가 짧다고 생각하는 건 보이는 것에만 집착한 탓이란 뜻이지."

제독의 말에 대원이 입을 쩍 벌렸다.

"그게 정말입니까? 그럼 '펭귄의 다리'가 실제로는 길다는 말씀이십니까?"

"그렇지. 허허허."

제독이 낮게 웃었다.

"아, 그래서 제독님이 보이는 게 전부가 아니라고 말씀하셨군요."

대원이 펭귄을 신기한 눈으로 바라보며 말했다.

끝없이 이어지는 펭귄 행렬이 눈앞에 펼쳐졌다. 대원은 펭귄의 다리에서 끝내 시선을 떼지 못했다. 보이는 게 전부가 아니라는 생각이 머리에서 떠나지 않았기 때문이었다. 그는 보이지 않는 펭귄 다리를 상상하고 또 상상했다.

'살다 보면 깨닫는 순간이 있다. 진짜 중요한 건 눈에 보이지 않는다는 걸!'

기쁜 일에 함께 기뻐해 줄
친구가 있나요?

'친구의 기쁨에 함께 기뻐하는 사람이 진정한 친구다'

"친구란 무엇인가? 두 개의 몸에 깃든 하나의 영혼이다."

– 아리스토텔레스(Aristotle)

《광고인의 생각 훔치기》라는 책에 재미있는 이야기가 나온다.

2015년 어느 날, 누군가 SNS에 엄청난 약속을 올렸다.

"저는 내일 벤틀리를 땅에 묻을 거예요."

사람들은 그의 호기로움에 비난과 질투, 짜증을 쏟아냈다. 집값에 맞먹는 벤틀리를 이유도 없이 땅에 묻겠다고 했으니 그를 향한 원색적인 비난은 일견 당연해 보였다.

당일 방송사의 열띤 취재가 시작되었고, 마침내 벤틀리가 구덩이 속으로 서서히 모습을 감추었다. 그때 갑자기 그가 손을 들어 올려 이벤트를 중지시켰다. 그러곤 취재진에게 설명하기 시작했다.

"벤틀리를 땅에 묻는 건 말이 안 된다고 생각하면서 왜 누군가의 생명을 살릴 수 있는 사람의 장기는 그냥 땅에 묻어버리나요?"

저는 후보 3번입니다만…

그는 브라질의 유명 갑부 치키노 스카르파(Chiquinho Scarpa)였다. 그가 이벤트를 연 목적은 장기 기증을 독려하기 위함이었다.

그런데 만약 단순히 '장기 기증을 합시다!'라는 어설픈 구호를 외치거나, 사람들을 말로써 설득하려 했다면 그 효과는 어땠을까?

그가 SNS에 공표 후 엄청난 비난을 감수한 것은 어디까지나 이벤트의 성공을 위해서였다. 한 달만에 브라질의 장기 기증이 31.5% 나 급상승한 것만 봐도 효과가 충분하다는 것을 알 수 있었다.

실험에 따르면 부정적인 소문은 100명 중 81%가 듣게 되고, 그 중 86%는 소문을 전파한다고 한다. 그에 반해 긍정적인 소문은 100명 중 18%만 듣고, 그중 4%만 전파한다고 알려져 있다.

쉽게 생각해보아도 부정적이고 자극적인 뉴스는 많은 사람의 눈과 귀를 사로잡는다. 그에 반해 누군가의 성공과 선행은 이슈가 되기 어렵거나, 혹은 사람들이 굳이 전파하려고 노력하지 않는다.

오래전에 한 친구가 내게 이런 말을 했다.

"정말 좋은 친구는 슬픈 일에 함께 슬퍼해 주는 친구가 아니야. 기쁜 일에 함께 기뻐해 주는 친구지."

처음에 나는 그 말의 뜻을 이해하지 못했다. 슬픔에 빠진 친구를 위해 기꺼이 울어줄 수 있는 친구야말로 좋은 친구라고 생각했기 때문이다. 그런데 살다 보니 친구 말이 맞는 것 같았다.

나의 첫 번째 동화책이 출간되기 전에 나는 지인 모두에게 기쁜 소식을 알리겠다 마음먹었다. 그런데 막상 책을 받아들고 나니 친구 말이 번뜩 떠올라 알리기가 쉽지 않았다.

'과연 그들 모두 나와 함께 기뻐해 줄까?'

확신이 서지 않았다. 그래서 줄이고 줄여 몇 명의 지인에게만 책을 건넸다. 물론 지인들은 축하한다는 말을 잊지 않았다. 하지만 나의 작은 성공에 비해 본인들은 이뤄놓은 것이 없다는 자조적인 말로 대화가 끝나고 말았다. 그래서 그런지 축하의 말을 들었는데도 왠지 모르게 서운해졌다.

그런데 곰곰이 생각해보니 나 또한 그들의 성공을 내 일처럼 기뻐해 준 적이 없었다. 크고 작은 기쁜 소식을 들을 때마다 입으로는 축하한다면서 마음 깊은 곳에선 내 신세를 한탄하거나 심한 경우엔 배 아파 한 적도 있던 것 같다. 그에 반해 누군가에게 나쁜 일이라도 생기면 다른 지인들에게 주저 없이 이야기를 전하기도 했다.

내 첫 책을 들고 우리 아이가 말했다.

"난 엄마가 참 자랑스러워!"

그 순간 참 많은 생각이 스쳐 지나갔다. 자신의 일처럼 기뻐한다는 것, 상대 덕분에 마음이 뿌듯해진다는 것, 그건 바로 저런 표정을 두고 하는 말이구나 싶었다.

그리고 나는 다짐했다.

나도 지인들의 성공에 진심으로 뿌듯함을 느껴야겠다고. 기쁜 일에 함께 기뻐해 주는 친구가 되기 위해서 말이다.

'진정한 친구를 얻기 위해서는 상대의 성공에 진심으로 기뻐해 주고, 함께 뿌듯함을 느껴야 한다.'

저는 후보 3번입니다만…

평범함에 특별함을 더할 수 있나요?

'특별한 사람은 평범함에서 특별함을 발견한다'

"성공한 사람이 될 수 있는데, 왜 평범한 이에 머무르려 하는가?"

– 베르톨트 브레히트(Bertolt Brecht)

중국의 한 남자가 다른 지역으로 가기 위해 기차를 탔다. 기차는 한참 동안 들판을 달리고 또 달렸다. 승객들은 창밖의 지루한 풍경만 내다보고 있었다. 그러다 갑자기 기차가 속도를 줄이기 시작했다. 굽은 길로 들어선 것이다. 덕분에 승객들은 창밖 풍경을 유심히 관찰할 수 있었다.

그때 남자가 굽은 길에 있는 오래된 집 한 채를 쳐다봤다. 물론 그를 제외하고 승객 중 누구도 그 집에 관심을 기울이지 않았다. 오직 남자만이 그 집의 '특별함'을 발견한 사람이었다.

잠시 후, 그 구간을 지나자 기차는 다시 속력을 내어 쉴 새 없이 달렸다. 볼일을 다 보고 나서도 남자는 그 집에 관한 생각을 떨칠 수 없었다. 그래서 돌아가는 길에 그 집에 들러 집주인을 만났다. 집주인은 기차 소리 때문에 자신이 얼마나 고통을 받고 있는지 불만을 쏟아냈다. 남자는 당장 그 집을 구입하겠다고 했고, 집주인도 기다렸다는 듯이 냉큼 팔아버렸다.

남자가 그 집을 산 이유는 무엇일까?

굽은 길에서는 기차가 속력을 줄일 수밖에 없다. 그러면 승객들은 자연스럽게 그 집을 쳐다보게 된다. 그는 그 점을 이용하고자 했다. 바로 집 대신 광고판을 만들기로 한 것이다. 그는 곧장 대기업들에 연락해 자신의 계획을 알렸다. 마침내 코카콜라가 1년 대여료를 내고 광고판을 사용하기로 했다. 그의 반짝이는 아이디어가 사업이 되는 순간이었다!

같은 것을 보더라도 모두가 신선한 아이디어를 떠올리는 건 아니다. 설령 아이디어가 있어도 실행하지 않는 경우가 대부분이다. 따라서 진짜 특별한 사람은 평범한 속에서 아이디어를 발견하고, 그것을 반드시 실행하는 사람이다.

그런 면에서 우리 아이도 평범함을 특별함으로 바꾼 적이 있다.

우리 아이는 매년 '편지 쓰기 대회'에 참가한다. 학교에서 선생님이 편지지를 나눠주면 집에서 각자 써서 제출하는 방식이다. 아이가 매년 정성을 기울여 쓴 덕분에 지금껏 빠짐없이 상을 받아왔다. 그런데 아이가 말하길 올해는 아이디어를 내서 좀 특별한 편지를 써보겠다고 했다.

잠시 후, 아이는 종이를 예쁘게 오려서 여분의 편지지를 만들어 붙였다. 거기다 올해의 주인공 얼굴도 그려 넣었다. 그런데 여분의

저는 후보 3번입니다만…

종이로 분량이 늘어난 탓에 편지지를 채우는 데만 해도 시간이 꽤 오래 걸렸다. 게다가 그림까지 그려 넣으니 작년보다 두 세배나 더 많은 정성을 기울여야 했다.

한참 만에 그림이 더해진 특별한 편지가 완성되었다. 그렇게 만들어진 편지를 제출하고 오랜 시간이 지났기에 우린 편지에 관해 까맣게 잊어버렸다.

그러다 며칠 전에 전화 한 통을 받았다. 우리 아이가 꽤 높은 상을 받게 되었다는 소식이었다. 덕분에 아이는 좋아서 어쩔 줄 몰라 했다.

그러고 보니 단조로운 편지지에 특별한 색깔과 그림을 입힌 아이디어가 주효했던 모양이었다. 아이디어를 생각한 것도 멋지고, 그 아이디어를 실행하느라 몇 시간 정성을 기울인 것은 더 멋진 일이었던 셈이다.

이렇게 평범한 것에 특별함을 더하는 아이디어야말로 행운을 불러오는 주문이 아닐까?

'새로운 것을 발견하려 부단히 노력하자. 그러다 어느 순간, 우리에게서 특별한 것이 나오게 된다.'

오늘 격려해주셨나요?

'스스로를 격려하는 사람은 열정을 잃지 않는다'

"격려는 영혼에 주는 산소와 같다."

– 조지 매튜 애덤스(George matthew adams)

《단 한마디 말로도 박수받는 힘》이라는 책에 이런 이야기가 나온다.

미국 뉴욕에 유명한 레스토랑이 있다. 플래닛 할리우드라는 이름의 레스토랑인데, 이곳에 할리우드 스타들의 물건들이 한쪽을 가득 채우고 있던 때가 있었다. 그중 벽에 걸린 메모지 한 장이 사람들의 시선을 끌었다. 바로 영화배우 이소룡이 만년필로 직접 쓴 것이었다.

"오늘은 1970년 1월 9일인데, 지금부터 10년 내로 이곳 할리우드에는 아시아, 중국을 배경으로 한 쿵푸 영화의 열풍이 한 번은 휩쓸고 지나갈 것이다. 그런 영화에서의 최고의 연기자는 브루스 리, 바로 당신이 될 텐데, 그날이 오면 그야말로 대박을 터트려야 한다."

저는 후보 3번입니다만…

그는 종이에 이렇게 써서 등기우편으로 부쳤다. 물론 수신인은 자신이었다.

잘 알려진 바와 같이, 짐 캐리도 스스로에게 주는 백지수표를 늘 가슴에 품고 다녔다. 이소룡 역시 자신의 메모를 수시로 꺼내 읽으며 의지를 다졌다고 한다.

스스로에게 보내는 메시지는 이렇게 강력한 힘이 있다. 나 역시 누구보다 이 메시지의 힘을 믿는다.

나는 대학을 졸업하자마자 필리핀으로 어학연수를 갔다. 사실 그곳 학원에서 일하던 대부분의 필리핀 선생님들은 '선생님 마인드'를 가지고 있지 않았다. 그저 영어를 도구로 한국 학생들과 시간을 보내고 함께 책을 읽기만 하면 그만이라는 태도였다.

나는 선생님들의 그런 안일한 태도가 마음에 들지 않았다. 짧은 체류 기간에 최대의 효과를 보아야 한다는 일종의 절박함 때문이었다. 그 절박함 때문에 나는 노트에 나에게 보내는 메시지를 적기 시작했다. 필리핀에 온 이유를 끊임없이 상기하고, 어떤 마음가짐으로 공부해야 하는지를 잊지 않기 위해서였다.

초반에 설렁설렁 가르치던 몇몇 선생님을 거쳐 어느 날 드디어 제대로 된 선생님을 만났다. 그녀는 자신이 선생님이라는 사실을 잊지 않았고, 나와의 수업에 누구보다 열성적이었다. 나 또한 매일 영어 일기를 써서 그녀에게 보여주며 최선을 다했다.

하루는 그녀가 진지하게 말했다.

"너는 참 특별한 학생인 것 같아. 다른 학생들은 그저 시간을 보내는 식으로 학원에 오는데, 넌 정말 열심히 하고자 하는구나. 너 같은 한국 학생은 처음이야."

나는 나의 결심을 이야기하며 그녀에게 더 열심히 배우고 싶다고 말했다. 덕분에 그녀의 열정도 더욱 높아졌다. 하루는 교재 외에 직접 자료를 준비해서 건넸고, 하루는 게임을 준비해 오기도 했다. 그런가 하면 어느 날엔 녹음기를 들고 와서 나의 발음을 객관적으로 듣게 해주었고, 어느 날엔 캠코더를 들고 와서 나의 잘못된 습관을 고쳐주기도 했다. 그리고 매일 내가 써온 일기를 읽으며 문장을 교정해주는 것도 잊지 않았다.

그러는 동안 나는 매일 노트에 '나에게 보내는 메모'를 썼다. 메모를 쓰면 쓸수록 나의 의지력은 높아졌고, 선생님에 대한 감사함도 깊어졌다.

지금 생각해보면 자꾸 나태해지고 포기하고 싶은 마음이 들 때마다 나의 메모가 나를 일으켜 세워줬던 것 같다.

가끔 그 시간을 함께한 나의 선생님이 보고 싶다. 선생님이 가정 문제로 갑자기 학원을 그만둔 탓에 제대로 된 작별 인사도 하지 못했다. 이제 내 기억 속에서만 만날 수 있지만, 살면서 내가 제대로 '선생님'이라고 부를 수 있는 유일한 분이 아닐까 싶다.

언젠가 도서관에서 독서 강연을 들은 적이 있다. 강연의 말미에 강연자가 말했다.

"우리는 늘 희망합니다. 타인에게서 따뜻하게 격려받기를. 그런데 우리가 바라는 형태의 칭찬과 격려는 늘 우리 마음속에 있습니다. 어떤 칭찬을 해줘야 하는지 정확하게 아는 사람은 바로 우리라는 뜻입니다. 그리고 인생은 어차피 혼자입니다. 그러니 인생이라는 외로운 시간 동안, 우리 자신에게 꼭 맞는 칭찬과 격려를 우리가 해주면 어떨까요? 아무리 기다려도 타인이 알아주지 않는다고 투정 부리지 않고 말입니다. 저는 여러분이 스스로를 격려하면서 살아갔으면 좋겠습니다. 저도 마찬가지고요. 오늘은 꼭 스스로에게 따뜻한 격려를 건네주세요!"

강연자는 이 말을 하면서 살짝 목이 메이는 듯했다.

나 또한 살아가면서 늘 타인의 격려을 기대했던 것 같다. 하지만 타인이 건네는 격려는 내가 원하는 형태와 강도가 아닌 경우가 대부분이었다. 그 강연을 들은 후부터 나는 끊임없이 나를 격려하기 시작했다. 좀 잘해도, 좀 못해도 습관처럼 격려했다.

'그래! 좋았어! 잘하고 있어! 바로 그거야! 멋져!'

그러다 어느새 내 안에서 울리는 이 소리들과 친해진 나를 발견했다.

아침에 눈을 뜨면 머릿속에 제일 먼저 떠오르는 말이 있다.

'그래! 할 수 있어!'

오늘 아침에도 나는 이 말과 함께 아침을 맞았다.

세상에서 우리만큼 우리가 행복하길 바라는 사람이 또 있을까? 그러니 우리를 격려하는 것 또한 우리가 가장 열성적이어야 한다!

오늘, 당신에게 진심 어린 격려를 보내보는 건 어떨까?

'스스로에게 무한한 격려를 보내자! 우리가 원하는 격려의
말은 우리가 가장 잘 알고 있으니까!'

저는 **후보 3번입니다만…**

당신의 숨은 자산은 무엇인가요?

'숨은 자산을 가진 사람이 위기에 살아남는다'

"최후까지 살아남는 사람들은 가장 힘이 센 사람이나
영리한 사람들이 아니라 변화에 가장 민감한 사람들이다."

– 찰스 다윈(Charles Robert Darwin)

마블 출판사는 1936년부터 만화책《코믹 북스》를 출간하여 미국
인들의 사랑을 듬뿍 받았다.《코믹 북스》에는 수많은 캐릭터가 등
장하고, 그 캐릭터들에 대한 대중의 관심과 애정이 높아졌다.

하지만 1990년 후반에 들어서자 사람들은 인터넷의 공짜 웹툰에
열광하기 시작했다. 더 이상 만화책이 팔리지 않았고, 마블 출판사
도 위기를 맞이했다.

만약 우리가 그 상황에 놓인다면 과연 어떤 선택을 했을까?

마블 출판사는 위기를 벗어나기 위해 고심하다가 자신들의 숨은
자산을 발견했다. 그들의 만화 캐릭터들 말이다. 그때부터 마블 출
판사는 영화 제작사에 캐릭터를 팔기 시작했다. 곧 마블 캐릭터를
활용한 영화들이 제작되었고, 흥행에도 크게 성공했다. 덕분에 그

들의 캐릭터 수입이 출판 수입을 가볍게 앞지르게 되었다. 〈스파이더맨〉, 〈헐크〉, 〈엑스맨〉등이 바로 그 영화들이다.

그리고 마침내 2009년 9월 디즈니가 마블 출판사를 40억 달러에 인수했다. 사실상 출판사 가치보다는 캐릭터 가격이었던 셈이다.

마블 출판사는 표면적으로는 책을 출간해왔지만, 그와 함께 보이지 않는 자산을 함께 키우고 있었던 것이다. 같은 맥락에서 바라보자면 우리도 표면적으로 드러난 활동을 통해 이력을 쌓아가고 있지만, 분명 보이지 않는 자산을 함께 축적해가고 있다.

나의 경우만 하더라도 새롭게 발견한 가능성이 꽤 많다.

나는 우연한 기회에 동화작가가 되어 한동안 동화 쓰기에만 몰입해 왔다. 그래서 그런지 사실상 나는 스토리 뒤에 머무르는, 혹은 숨는 일에 익숙하다. 굳이 나를 드러내고 싶지 않기 때문이다. 그런 생각 탓에 캐릭터만으로도 이야기를 끌어갈 수 있는 동화가 참 매력적으로 보였다. 뿐만 아니라 스토리에 대한 평가는 나 개인에 대한 평가와 분리되기에 나름의 안전망을 확보했다고 믿고 있었다.

그런데 블로그 글쓰기를 시작하면서 생각이 조금 바뀌었다. '표현의 욕구'라는 것이 내 안에도 가득하다는 걸 깨달은 것이다. 그래서 조금씩이나마 '나'와 '내 생각'을 드러내는 일을 즐기기 시작했다.

블로그 글쓰기는 나와 생각이 비슷한 사람을 찾는 일종의 '월리를 찾아라!' 게임과도 같다. 월리를 찾기 위해서는 일단 내 생각을

저는 후보 3번입니다만…

먼저 드러내야 한다. 물론 그 과정이 결코 안전하지만은 않다.

'혹시 내 생각을 비웃진 않을까?'

'이런 생각은 나 혼자만 하는 게 아닐까?'

'나를 유치한 사람으로 보는 건 아닐까?'

온갖 두려움이 나를 흔들어댄다.

하지만 일단 조금씩 드러내기 시작하면 스토리 뒤에 숨었을 때와는 또 다른 즐거움을 발견할 수 있다. 그리고 가끔은 타인의 기발한 피드백 덕분에 머릿속이 개운해질 때도 있다.

한참 동화를 쓰다가 문득 이런 생각을 했다.

'글쓰기의 영역을 조금씩 넓혀보면 어떨까?'

대상을 어른으로 확장한다면 어른을 위한 동화가 될 것이고, 아예 주제와 소재 자체를 어른의 것으로 바꾸면 소설이 될 수도 있을 것이다. 여행을 다녀와서 쓰면 여행 에세이가 될 테고, 내 생각을 담아내면 그냥 에세이가 되지 않을까?

나는 지금껏 동화 쓰기라는 영역에만 나를 가두어왔다. 그런데 블로그를 통해 새로운 글쓰기에 대한 가능성을 발견했고, 이것이 나의 '숨은 자산'이 되지 않을까 싶다.

만약 마블 출판사가 위기를 맞이하고도 계속 출간만 고수했다면 어떻게 되었을까? 위기에 크게 흔들리지 않았을까?

다행히 그들은 위기가 오는 순간에 '숨은 자산'을 발견해 활용하는 기지를 발휘했다. 그런 행운을 누리기 위해서는 우리도 자신만의 '숨은 자산'을 자주 점검할 필요가 있다. 출판사가 출판만 할 필요는 없듯이, 우리도 지금 하는 일만 할 필요는 없다. 나의 경우엔 지금 쓰는 글만 쓸 필요가 없는 것이다. 우리가 살아온 만큼 우리의 숨은 자산도 함께 축적되고, 숨은 자산은 우리에게 발견되길 간절히 바라고 있는지도 모른다.

마당의 잡초든, 꿈이든, 욕망이든, 아니면 두려움이든 관심을 쏟고 양분을 공급해주는 것이 가장 많이 자란다고 했다.

오늘 나는 그중 어떤 것에 양분을 주고 있을까?

'언젠가 올지 모르는 위기에 대처해보자. 나의 가능성을 넓히는 것이 그 첫 번째 단계가 아닐까?'

저는 후보 3번입니다만…

가위바위보에서 이기는 법

'상대의 다다음 수를 예측하는 사람이 진짜 고수다'

> "전략이란 선택과 포기에 관한 것이다. 차별화를 위해
> 세심하게 무언가를 고르는 것이 바로 전략이다."
>
> – 마이클 포터(Michael Eugene Porter)

《도전 무한지식》이라는 책에 흥미로운 이야기가 나온다.

2005년, 한 전자 회사가 자신이 소유한 유명한 미술 작품들을 경매에 붙이겠다고 발표했다. 그 작품들은 다름 아닌 반 고흐와 피카소의 그림이었다. 이 때문에 세계적인 경매 회사 크리스티와 소더비가 열성적으로 경쟁에 뛰어들었다. 그런데 두 회사가 제시한 조건이 엇비슷하여 최종 결정을 내리기가 쉽지 않았다. 한참을 고민하던 전자 회사는 재미있는 방법을 제시했다. 바로 '가위바위보!'

승패를 가리기 어려울 때 이보다 공평한 방법이 또 있을까?

그런데 가위바위보에서 이기려면 어떻게 해야 할까?

흔히 우리가 생각하는 가위바위보 승리 비법은 이런 것들이 아닐까?

상대보다 살짝 늦게 손 내밀기!

애매한 손 모양 내밀어 우겨보기!

마지막 순간에 손가락 획 바꾸기!

하지만 2002년부터 시작된 가위바위보 세계선수권대회에서 이렇게 꼼수를 부리다간 바로 실격패를 당하고 만다.

과학지 〈뉴 사이언티스트〉에 가위바위보 필승 전략을 알려주는 기사가 실렸다. 높은 승률을 원한다면 제일 처음에 '가위'를 내는 것이 가장 좋다고 한다. 그 이유는 무엇일까?

일단 경쟁 상황이기 때문에 누구나 심리적으로 셋 중 가장 강력한 것을 내고자 한다. 바로 바위다. 바위를 선호하는 사람이 많다는 허점을 노리기 위해서는 보를 내야 한다. 그런데 바로 이 점을 파고들면 최종적으로 '가위'를 내야 한다는 결론에 이른다.

그러니 가위바위보에서 이기려면 단순히 상대의 다음 수만 보아선 안 된다. 다다음 수를 노려서 '가위'를 내는 것이 확률을 높이는 현명한 방법이다.

자, 그러면 크리스티와 소더비의 승자는 누가 되었을까?

전자 회사는 두 회사에 종이 한 장씩을 나눠주고 가위바위보를 표시하도록 했다. 크리스티는 '가위', 소더비는 '보'를 내어, 결국 크리스티가 승리했다. 그러니 정말 '가위'가 유리한 게 맞았다.

어느 날, 나는 책에서 배운 전략을 바로 확인하고픈 마음이 들었다.

저는 후보 3번입니다만…

"자! 엄마랑 가위바위보 하는 거야! 가위바위보!"

다른 일에 몰입해 있던 아이에게 내가 불시에 외쳤다.

앗! 그런데 나도 가위, 아이도 가위였다.

"다시! 가위바위보!"

나는 가위! 아이는 보!

내가 이겼다! 정말 확률이 맞았다.

"근데 너 왜 처음에 가위 냈어?"

아이가 처음에 가위를 낸 게 신기해서 내가 물었다.

"가위바위보에서 이기려면 어떻게 해야 하는지 만화책에서 봤거든. 제일 처음은 가위래!"

앗! 아이는 이미 전략을 알고 있었던 것이다. 그리고 두 번째 보를 낸 건, 내가 아무 생각 없이 강력한 바위를 낼 거라고 예상했기 때문이라고 했다. 다행히 나는 고집 있는 사람이라 가위에 대한 믿음을 버리지 않았다.

이렇게 우리끼리 진지하게 가위바위보 이야기를 하다가 내가 말했다.

"방에 가서 아빠랑 가위바위보 한번 해봐!"

방으로 쪼르르 달려간 아이 목소리가 들렸다.

"아빠! 가위바위보!"

결과는 어떻게 되었을까?

아이가 '가위'로 승리했다!

그나저나 요즘 만화책에서는 별의별 지식을 다 알려주나 보다.

그러고 보니 지금껏 아이랑 가위바위보를 하면 거의 아이가 이겼던 것 같다. 하지만 일단 나도 전략을 알았으니 앞으로는 그리 호락호락하게 당하진 않을 테다. 그런데 문제는 우리 둘 다 전략을 알고 있다는 사실이다.

어디 그런 책 없을까?

'가위바위보 전략을 알고 있는 아이를 이기는 필승 전략!'

'가위바위보 전략을 통해 상대의 수와 다음 수까지 읽는 지혜를 발휘해보자.'

저는 후보 3번입니다만…

당신은 사과가 쉬운가요?

'사과를 잘하는 사람은 혜안을 갖춘 사람이다'

> "승자는 어린아이에게도 사과할 수 있지만,
> 패자는 노인에게도 고개를 숙이지 못한다."
>
> – 탈무드

실수나 잘못에 대해 사과하는 것은 멋진 행동이다. 하지만 결코 쉽지 않다.

우선 내 잘못을 인정해야 한다. 그런 다음엔 부끄럽고 언짢은 기분이 슬금슬금 찾아오는 것을 참아내야 한다. 마지막엔 무거운 입술로 "미안해."라고 말해야 한다.

우리 아이가 어릴 적에 엄마들 몇몇이 품앗이를 했다. 그중 한 엄마와의 에피소드가 강렬한 기억으로 남아있다. 사실 그 엄마는 처음부터 나와 성향이 많이 달랐다. 공격적인 말투 뒤에 의외의 세심함이 있는 유형이라 한마디로 종잡을 수 없는 사람 같았다.

정확하게 무슨 일로 마음이 상했는지조차 기억이 희미하지만, 여하튼 그 엄마가 울면서 자신의 속상함을 토로했던 장면만은 생생하다.

처음부터 우리 둘은 동갑이라는 이유로 친구처럼 티격태격하는 일이 많았다. 하지만 그렇다고 친구라고 하기엔 어딘가 애매한 데가 있어 나는 적당한 거리감을 유지할 수밖에 없었다.

어느 날, 나로 인해 감정이 상한 건 물론이고 서운하다고 울부짖는 사람에게 나는 뭐라고 대꾸해야 할지 알 수 없었다. 그날의 해프닝으로 결국 품앗이는 끝이 나고 말았다.

한참 시간이 지나서야 나는 우리가 어긋난 지점을 알아챘다. 그리고 나의 부주의함에 대해서도 반성했다. 하지만 뒤늦게 사과하기 위해서 연락을 하기란 말처럼 쉽지 않았다. 그래서 그냥 자연스레 시간이 흐르게 놔두었다.

그렇게 몇 달이 지났다. 하루는 아이와 도서관에 갔다가 그 엄마와 딱 마주쳤다. 도둑질을 하다 들킨 사람처럼 내 가슴이 쿵 내려앉았다. 그 엄마는 내 눈길을 피해 후다닥 구석 자리로 숨어들었다. 나도 당황한 나머지 허둥대며 돌아섰다.

그런데 순간 이런 생각이 들었다.

'지금이 아니면 기회가 또 있긴 할까?'

나는 천천히 몸을 돌려 구석 자리로 걸어갔다. 내 시선을 느낀 탓에 그 엄마의 귓불이 빨갛게 물들어갔다. 나는 왠지 더 미안한 마음이 들었다.

"저기…."

내가 어렵게 입을 뗐다. 그 엄마의 흔들리는 시선이 내게 날아왔다.

"생각해보니까 내가 잘못했더라고. 미안해."

내가 말했다. 순간 당혹스러움과 아쉬움이 그 엄마 얼굴에 소용돌이쳤다.

"나도… 나도 미안해."

그 엄마가 속삭이듯 말했다. 우리는 그렇게 공평하게 사과를 나눠가졌다. 그제야 나는 비교적 가벼운 발걸음으로 돌아설 수 있었다.

그런가 하면 우주비행사 유리 가가린의 '사과 일화'를 읽으면서 나는 그의 마음이 어땠을지 조금은 이해할 수 있었다. 그는 우주 비행을 마치고 지구로 돌아오자마자 일약 스타가 되었다. 스물다섯 살의 우주 스타는 고국인 소련에서 특별 대우를 받았다. 훈장을 받았음은 물론이고, 소령으로 특진까지 했다.

그런데 시간이 지날수록 그는 특혜에 취해서 점점 오만해졌다. 거침없이 행동해도 전혀 문제가 없었고, 어딜 가나 환영받는 건 똑같았기 때문이다.

어느 날, 그는 평소처럼 신호를 무시하고 거칠게 운전을 하며 달렸다. 그러다가 반대편에서 오던 차와 정면충돌했다. 다행히 가가린과 상대 운전자는 무사했다. 하지만 상대편 차에 타고 있던 노인이 크게 다쳤다.

잠시 후 경찰이 도착했다. 경찰은 가가린을 단번에 알아보고는 반가워했다. 그런데 다음 순간 가가린의 눈치를 보더니 상대 운전자를 가해자로 몰아가기 시작했다. 심하게 부상당한 노인조차 가가린에게 비굴한 모습으로 사과했다. 가가린은 문득 그 모든 상황이 부끄러워졌다.

게다가 경찰이 가가린만 목적지까지 데려다주겠다고 말했다. 경찰차를 타고 가는 동안 가가린의 심적 고통은 극에 달했다. 더 참을 수 없자 그는 결국 다시 현장으로 데려다 달라고 부탁했다. 그런 다음 피해자들에게 진심으로 사과했다.

그때 그 엄마에게 내가 사과하던 장면이 가끔 생각난다. 마치 시간이 멈춘 듯이 느리게 흘러갔고, 무슨 말을 해야 할지 몰라 캄캄한 머릿속을 연신 헤집고 있었다. 그냥 돌아서면 그만일 것 같아 그 짧은 순간 수십 번도 더 고민했다. 하지만 가가린처럼 나도 더 이상 회피할 수 없다고 생각했다.

한때 젊고 철없던 시절에 나는 사과가 곧 패배라고 생각했다. 삶은 물론 타인과 사회를 투쟁의 대상으로 인식한 것이다. 하지만 지나고 보니 타인과 싸울 이유도 필요도 없었다. 그들도 나도 불안한 영혼이라 필연적으로 실수를 할 수밖에 없으니까 말이다.

실수를 했다면 그저 조금만 용기를 끌어모아 사과하면 된다. 물론 쉽지는 않다. 하지만 일단 하고 나면 마음이 한없이 평온해진다. 그 평온함을 위해 꼭 한번 시도해보는 건 어떨까?

'사과는 패배가 아니다. 그저 평온함에 이르는 하나의 길일 뿐이다. 오늘 용기를 내보면 어떨까?'

오해하면 생기는 일

'뛰어난 사람은 본질에 다가간다'

"현상은 복잡하지만 본질은 단순하다."

– 아리스토텔레스(Aristoteles)

예전에 한 노부부에 관한 이야기를 읽은 적이 있다.

어느 날, 허름한 차림의 노부부가 하버드 대학교에 갔다.

"총장님을 만나러 왔습니다."

노부부의 말에 총장 비서가 그들을 위아래로 훑어보더니 심드렁하게 대꾸했다.

"오늘 바쁘세요."

할 수 없이 노부부는 총장이 올 때까지 기다리기로 했다. 하지만 몇 시간이 지나도 총장은 나타나지 않았다. 한편 그들이 끈질기게 기다리는 것을 본 비서가 총장에게 이 사실을 알렸다. 한참 만에 총장이 나타났고, 그도 노부부의 허름한 차림에 인상을 썼다.

"무슨 일이죠?"

"우리 아들이 하버드생이었는데, 사고로 세상을 떠났습니다."

어렵사리 노부부가 입을 열었다.

"그래서요?"

총장은 여전히 냉담한 태도를 유지했다.

"그래서 우리 아들을 기리는 건물을 지었으면 해서요."

노부부의 말에 총장이 보란 듯이 콧방귀를 뀌었다.

"건물 하나를 짓는 데 얼마나 드는지 알고 하시는 말씀이에요? 한 채에 무려 750만 달러나 든다고요!"

총장이 버럭 화내듯 말했다.

이에 노부부는 어떤 반응을 보였을까?

"어머, 고작 750만 달러밖에 안 든다고요? 그럼 아예 학교를 지어야겠군요."

총장은 그들이 장난을 친다고 생각했다. 하지만 노부부는 진지했다. 그리고 결국 스탠포드 대학교를 건립했다.

이 이야기를 읽으며 나는 한 가지 생각만 했다.

'현상을 잘못 해석하는 것이 얼마나 위험한가?'

허름한 옷차림이라는 현상을 '가난한 부부'로 해석해버린 총장의 태도야말로 살면서 우리가 가장 지양해야 할 태도가 아닐까?

그러고 보니 나에게도 비슷한 경험이 있다.

오래전에 나는 한 신간의 리뷰 대회에 참가했다. 평소 관심 있던 분야라 책을 주문해서 어렵지 않게 읽었고, 리뷰도 제법 정성스레 썼다. 덕분에 입상을 하여 선물도 받았다. 그런데 문제는 그 다음부터였다.

156

작가가 직접 수상자들에게 감사 문자를 보냈다. 나는 별로 대수롭지 않게 생각했고, '앞으로도 좋은 책 계속 부탁드린다'라는 다소 판에 박힌 답장을 보냈다. 그리고 그걸로 끝인 줄 알았다.

그런데 몇 주 후, 또 문자가 왔다. 나는 마지못해 답장을 보내면서 마음이 좀 불편해지고 말았다. 게다가 그 후에도 잊을만하면 한 번씩 문자가 오는 것이 아닌가. 나의 비약일는지는 몰라도 마치 '팬에게 근황을 전하는 유명인'의 문자를 받고 있는 것만 같았다.

또 몇 달이 흘렀을 때 문자가 왔다. 외국에 여행을 왔는데 풍경이 참 좋다는 내용이었다.

당시 나는 그 작가를 까맣게 잊고 있었기에 누군가 잘못 보낸 문자라고 확신했다. 그래서 "문자 잘못 보내신 것 같습니다."라고 정중하게 답장을 보냈다.

잠시 후 도착한 문자를 보고선 그 작가란 걸 뒤늦게 깨달았다. 그런데 문자 내용을 보자마자 심장이 덜컥 내려앉고 말았다. 다짜고짜 자신을 잊은 거냐고 묻는 문자였기 때문이었다. 일면식도 없는 사이에 잊고 말고 할 일은 무엇일까? 그래서 얼른 답장을 보냈다.

"작가님, 앞으로 좋은 책 많이 출간하시길 기원합니다. 그런데 죄송하지만 문자 받는 게 불편합니다."

그랬더니 더 이상 문자가 오지 않았다.

'아예 처음부터 문자 사절이라고 밝혔어야 했구나.'

뒤늦게 이런 생각이 들었다.

김영하 작가는 출간된 책을 '배'에 비유했다. 배를 만드는 사람은 작가지만, 출간된 책은 항구를 떠난 '배'라는 뜻이다. 또한 그 배를 이용하고 평가할 사람들은 대중이기 때문에 작가는 책이 나온 이상 소유권을 주장할 수 없다는 의미이기도 하다.

그런 면에서 본다면, 나는 그저 관심 분야 책(배)을 재미있게 읽고, 리뷰를 쓴 '대중'일 뿐이다. 배를 만든 사람(작가)에게는 관심이 없고, 오직 책(배)에만 관심이 있는 대중 말이다.

결국 그 작가는 보이는 현상을 오해한 것이 아닌가 싶다. 이를테면 자신의 책에 리뷰를 써준 사람을, 본인을 좋아하는 사람 혹은 팬으로 잘못 이해한 게 아닐까?

현상은 현상 그대로 이해해야 한다. 일단 한번 오해해버리면, 오해가 또 다른 오해를 불러오니까 말이다.

'현상에 집착하면 본질을 간파하기 힘들고, 오해를 불러온다. 그러므로 늘 본질에 다가서기 위해 노력해야 한다.'

저는 후보 3번입니다만…

완벽한 수탉을 그릴 수 있나요?

'매일의 노력이 모여 완벽함을 만든다'

"특별한 삶은 매일 끊임없는 개선을 통해 만들어지는 것이다."

– 로빈 샤르마(Robin Sharma)

우리 아이가 영어회화 책을 암기한 지도 어느덧 1년이 지났다. 내가 영어 스터디를 하면서 암기하던 책인데, 비교적 짧은 대화문이라 아이에게도 권하게 되었다.

사실 오늘 외운 문장들이 내일도 선명하게 기억나는 일은 절대 없다. 그래서 열정을 가지고 매일 지속하기가 어려운 법이다. 우리 아이도 어제 외운 문장을 상기할 때마다 시무룩해지곤 했다. 어제 들인 노력이 다 사라진 것 같은 허무함과 대면한 표정으로 말이다. 그럴 때마다 나는 단기 기억과 장기 기억에 관해 말해주며 다독였다. 그러면 아이는 다시 힘을 내어 그날 분량을 암기한 후에 어제 대화문도 가볍게 연습해 나갔다.

이제 제법 시간이 지나서 아이는 암기에 꽤 익숙해진 상태다. 처음보다 훨씬 수월하게 암기를 하고 그런 자신을 뿌듯해한다. 그리고 무엇보다 원어민의 억양과 엑센트를 엇비슷하게 따라할 수 있게 된 것이 가장 큰 수확인 듯싶다.

아침에 아이가 암기를 끝내면 그 다음은 내 차례다. 수십 번 암기한 책이지만, 그래도 가끔 한 번씩 막히곤 한다. 술술 나오는 부분은 매끄러워서 좋고, 막히는 부분은 도전 욕구를 자극해서 좋다. 그렇게 매일 조금씩 완벽함에 다가가는 연습 자체가 나는 참 즐겁다.

아이와 같은 책을 암기하기에 우리는 가끔 영어 합창단이 된다. 둘 중 한 명이 첫 대화문을 암송하면, 자동반사로 상대편이 그 다음을 줄줄 암송하는 식이다. 그러곤 둘이 경쟁적으로 목청을 높여 다음 문장을 선점하려 애쓴다.

이렇게 매일의 작은 노력을 모으고 또 모으면 '완벽함'에 이를 수 있을 것이다. 그러면 삶을 더 경쾌하게 즐길 수 있지 않을까?

완벽함에 이르는 과정을 단적으로 보여준 이가 있다.

바로 일본 근세를 대표하는 목판화가 가쓰시카 호쿠사이다. 그의 별명은 '그림에 미친 노인'이다. 그는 3만 점이 넘는 작품을 그려냈지만, 일흔이 넘어서야 대표작을 낸 화가이기도 하다. 엄청난 작업량을 소화했음은 물론이고, 세상을 떠나기 직전까지도 그림을 그렸다고 한다.

《생각의 돌파력》이라는 책에 그에 관한 일화가 나온다.

어느 날, 호쿠사이의 친구가 수탉을 그려달라고 부탁했다. 수탉을 한 번도 그려본 적 없는 그는 친구에게 일주일 후에 오라고 말했다. 약속대로 일주일 후에 친구가 왔지만 그는 한달 후에 다시 오라고 했다. 물론 그 후에도 반년, 1년이 지나고 3년이 되도록 수탉 그림을 주지 않았다. 결국 인내심이 바닥난 친구가 크게 화를 내고 말았다. 그제야 호쿠사이는 종이를 들고와 그 자리에서 수탉 그림을 멋지게 그려주었다. 얼마나 생동감이 넘치는 그림인지 그 자체로 생명력이 느껴질 정도였다고 한다.

친구가 고개를 갸우뚱거리며 물었다.

"이렇게 잘 그리는데 왜 지금껏 그려주지 않은 거야?"

그러자 호쿠사이가 친구를 데리고 작업실로 갔다. 문을 열자 친구의 말문이 턱 막히고 말았다. 지난 3년간 호쿠사이가 밤낮 가리지 않고 그려낸 수탉 종이가 작업실을 가득 채우고 있었기 때문이다. 그는 수탉을 한 번도 그려본 적 없기에 완벽한 수탉을 그릴 수 있을 때까지 끊임없이 연습했다고 한다.

모든 시작은 어렵다. 아이의 첫 뒤집기는 물론, 첫 한 발을 떼는 순간도 어렵긴 마찬가지다. 하지만 횟수가 쌓이다 보면 어느새 아이는 뛰어다닐 수 있게 된다. 그러니 쉬지 않고 걷기 연습을 하는 아이처럼 우리도 한 발 한 발 나아가기만 하면 된다.

어제와 비교해 별다른 진전이 없는 것 같은 불안을 누구나 느끼며 산다. 하지만 잊지 말자. 진짜 내공은 눈에 보이지 않고, 그저 우리 안에 차곡차곡 쌓인다는 것을.

대단한 화가도 완벽한 수탉을 그려내기 위해 3년간 노력했는데 우리는 어떤가? 사흘, 혹은 석 달 노력해보고 쉽게 포기하지는 않는가?

그러니 오늘, 완벽을 향한 첫발을 내딛어보는 건 어떨까?

'작은 시도들이 '완벽'에 이르는 계단이 되어줄 것이다. 그러니 오늘 아주 작은 시도를 해보자!'

저는 후보 3번입니다만…

아주 작은 위험 가능성에 대처하는 방법

'가장 안전한 방법은 위험에서 멀어지는 것이다'

"미리 예견한 위험은 반쯤은 피한 것이나 다름없다."

– 토마스 풀러(Thomas Fuller)

《노력이라 쓰고 버티기라고 읽는》이라는 책에 소개된 '총, 균, 쇠' 에피소드는 아주 흥미롭다. 새를 관찰하려고 뉴기니의 깊은 숲에 들어간 재레드 교수는 캠프를 차리고 하룻밤 묵어가기로 했다. 그래서 높다란 나무들 옆 평평한 땅에 천막을 치려는 데 함께 있던 원주민들이 강력하게 반대하고 나섰다. 나무 아래에서 잠을 자면 안 된다며 나무가 없는 넓은 공터를 가리켰다. 이유인즉, 죽은 나무들이 넘어지면 목숨을 잃을 수도 있다는 것이었다. 하지만 재레드 교수는 선뜻 이해가 되지 않았다. 그렇게 오래되고 견고해 보이는 나무들이 딱 그날 밤 넘어질 가능성은 너무도 희박해 보였기 때문이다.

그 후 몇 년이 지나서 재레드 교수는 원주민들의 주장을 이해할 수 있게 되었다. 숲에 머무르는 시간이 길어질수록 죽은 나무가 쓰러지는 소리를 여러 번 생생히 들었기 때문이다.

우리는 아주 희박한 위험 가능성은 무시하려고 한다. 나만 하더라도 사건, 사고에 관해 이야기하며 "그럴 가능성은 너무 낮아서 언급할 필요도 없어! 신경 쓰지 않아도 돼." 혹은 "이런저런 위험을 다 고려한다면 대체 뭘 할 수 있겠어."라고 쉽게 말한다.

하지만 위험에 노출되는 빈도가 높다면 어떨까? 그 위험이 우리의 현실이 될 가능성은 아주 높아질 것이다. 혹은 운이 없는 경우, 딱 한 번의 위험이, 딱 한 번의 경우에 우리에게 일어날지도 모른다. 그러고 보니 내게도 '운 없던 어느 날'이 있었다.

오래전에 친구 둘과 필리핀 시골에 놀러 간 적이 있다. 한적한 풍경을 둘러보던 중 반짝이는 강 하나가 눈에 들어왔다. 가까이 가보니 사람들이 아무렇게나 버린 쓰레기 탓에 강이 시커멓게 오염된 상태였다. 아쉬워하며 돌아서려는 찰나, 친구 한 명이 강 너머로 가보자고 제안했다. 하지만 나는 영 엄두가 나지 않았다. 셋이 겨우 탈 만한 작은 배를 빌릴 수는 있었지만, 구명조끼는 구할 수 없었다. 게다가 나는 수영을 배우기 시작한 지 얼마 되지 않아 물에 떠 있는 것조차 두려운 상태였다. 내가 이런 속내를 털어놓자 친구들이 한껏 비웃었다. 강 폭은 좁고, 얼핏 보아도 깊지 않았으며, 설령 강에 빠진다고 해도 자신들이 도와줄 테니 아무 걱정 하지 말라고 나를 다독였다. 하지만 나는 물에 빠질 가능성은 얼마든지 있다고 한참 실랑이를 벌이다 결국 물러서고 말았다.

천천히 배에 올라탄 채 우리의 엉성한 노젓기가 시작되었다. 몇 번이면 금방 닿을 것 같던 맞은편은 여간해서 닿을 수 없었다. 대신 노를 저을 때마다 엄청난 쓰레기들이 방해물이 되어 우리 배를 막아섰다. 누가 봐도 셋의 노젓기는 합이 맞지 않았고, 앞으로도 뒤로도 나아가지 않는 교착 상태에 빠졌다. 다음 순간, 서로 다른 방향으로 노젓기를 강하게 한 후, 급기야 배가 획 뒤집어지고 말았다. 정말 순식간에 일어난 일이었다. 불과 몇 초의 찰나에 나는 죽을 수도 있다는 극도의 불안에 시달렸다. 다행히 머리는 강에 박히지 않았고, 친구들이 얼른 배를 뒤집어 한 명씩 배에 올랐다. 그들의 도움으로 나도 올라타긴 했지만, 너무 놀라 멍한 상태가 되고 말았다.

물론 위험을 애써 피한다고 해도 100% 안전할 수는 없다. 하지만 아주 작은 위험 가능성이라도 있다면 어떻게 해서든지 위험에서 벗어나는 편이 좋다. 재레드 교수가 나무 옆에서 잠을 청하지 않은 것처럼 말이다.

그날 시커멓게 변한 몸으로 숙소까지 어떻게 왔는지 정확하게 기억나지 않는다. 다만 배가 뒤집어지던 그 몇 초간의 공포는 뚜렷이 각인되어 있다.

아주 작은 희망이라면 가슴에 품고 키워야 마땅하다. 하지만 아주 작은 위험 가능성이라면 벗어나야 한다. 우리가 도망갈 수 있는 한 최대한 멀리멀리!

'결정적인 위험이 단 한번의 시도로 일어날지 아닐지 누구도 장담할 수 없다. 그러므로 위험 가능성을 최소한으로 낮추는 노력이 필요하지 않을까?'

오지 않을 비행기를
기다리고 있진 않나요?

'본질에 충실하면 삶이 풍요롭다'

"현실이 중요한 것이 아니라, 당신이 그것을
어떻게 해석하고 무엇을 하느냐가 중요한 것이다."

– 웨인 다이어(Wayne Walter Dyer)

"엄마! 오늘 수학 단원평가 쳤는데, ○○는 반밖에 못 맞췄어."

학교에서 돌아온 아이가 눈을 크게 뜨며 말했다.

"정말? 그 친구 수학 학원 다닌 지 꽤 되었다며?"

내가 의아한 말투로 물었다.

"응. 왜 그렇게 많이 틀렸냐고 물어보니까 이유를 말해주더라
고."

아이가 큰 비밀이라도 알려주려는 듯 목소리를 낮췄다. 궁금해진
나는 아이 입만 쳐다보고 있었다.

"그게 말이야… 아예 문제를 외웠대."

"정말?"

듣고 보니 어이가 없었다. 비싼 돈을 들여 학원을 다니는 이유는

저는 후보 3번입니다만…

기본 원리를 깨쳐서 응용 문제를 풀 수 있기 위함인데, 문제를 외우면 어쩌자는 걸까?

"그럼 외운 문제와 출제된 문제가 달랐던 거야?"

"응. 조금 달랐나 봐."

우리 아이 일도 아닌데 괜스레 속이 갑갑해지고 말았다. 기본 원리만 알면 문제가 요구하는 바를 모를 리 없다. 그런데 왜 군이 수박 겉핥기식으로 공부를 하는 걸까? 보나 마나 다음번에도 정답을 맞추긴 불가능할 텐데 말이다.

나는 괜한 걱정 때문에 우리 아이에게 공부의 기본 원리를 깨우쳐야 한다는 잔소리를 늘어놓기 시작했다. 공자님의 도 이야기부터 메타 인지, 공부의 궁극적인 목적까지, 그야말로 열변을 토하고 말았다. 그리고 생각했다.

'이 모두가 결국엔 본질보다 현상에만 집착한 탓은 아닐까?'

문득 본질과 현상에 관해 제대로 설명한 파인만의 화물숭배(cargo cult)이야기가 생각났다.

제2차 세계대전 당시 남태평양 섬에 미군의 공군 기지가 세워졌다. 섬에 있던 원주민들은 미군이 만든 활주로를 비롯한 설비와 하늘을 날아오르는 비행기를 보고 잔뜩 겁을 먹었다. 그래서 숲에 숨어서 내내 비행기를 관찰하곤 했다. 하늘에서 날아온 비행기가 활주로에 내리면, 그 속에서 물건들이 쏟아져 나왔다. 원주민에게는 신기하고 흥미로운 광경이 아닐 수 없었다. 이 관찰은 무려 3년 동안 이어졌다.

마침내 전쟁이 끝나고 미군이 섬에서 철수했다. 남겨진 원주민들은 내내 관찰하던 비행기와 그 속에서 나오던 물건들이 그리웠다. 그래서 엉성한 활주로를 만들고, 나무로 비행기도 만들었다. 그 옆에는 더 엉성한 관제탑이 들어섰다. 그들은 이전에 관찰한 미군들의 모습을 흉내 내기 시작했다. 그러자 모든 것이 예전과 똑같아 보였다. 이제 그때처럼 비행기가 날아오기만 하면 될 것 같았다. 그리고 물건들을 쏟아내기만 하면 그야말로 완벽해질 게 분명했다. 하지만 비행기는 끝끝내 오지 않았고 그들은 그렇게 계속 흉내 내기만 반복했다.

파인만은 이 이야기를 캘리포니아 대학교 졸업 연설에서 하면서 과학을 탐구하는 방식과 태도 또한 흉내 내기에 불과해선 안 된다는 것을 강조했다. 가장 중요한 원칙과 기본을 무시하고선 진정한 연구에 이를 수 없다는 뜻이다.

이는 비단 과학 연구에만 국한된 가르침이 아니다. 본질은 제쳐두고 엇비슷한 흉내 내기만 한다면 무엇이든 한계에 이르고 말 것이기 때문이다. 수학 학원에서 원리를 배우고 이해하기보다 수학 문제 자체를 암기하는 것처럼 말이다. 그런 방식은 단기간에 성과를 내는 듯 보일지 몰라도, 장기적인 안목에서는 시간을 낭비하는 것과 같다. 그러니 어떤 일을 하더라도 본질을 간과해선 안 될 것이다.

우리는 모든 것이 빠르게 진행되는 시대에 살고 있다. 클릭만 하면 정보가 쏟아지고, 모든 것이 찰나의 소비로 이어지는 시대 말이다. 이런 환경에서 공부할수록 하나를 붙잡고 집요해질 필요가 있지 않을까? 문제가 풀리지 않으면 원리로 돌아가 고심해보고, 다시 그 원리를 활용해 문제 해결을 시도해보는 식으로 말이다.

나는 아이가 수학 문제를 풀다가 모르겠다고 하면, 다음 날 다시 풀어보라고 한다. 다음 날도 모르면 그다음 날 다시 해보라고 한다. 그렇게 한 3일, 4일째 계속 도전하다 보면 신기하게 실마리가 풀리곤 한다. 설령 끝내 정답을 찾지 못하더라도 그 과정에서 이런저런 방법을 고심하는 것만으로도 의미가 있다고 생각한다.

문제를 푸느라 머리를 싸맨 아이 뒷모습을 보고 있자니, 문득 이런 생각이 들었다.

'나는 과연 본질에 충실한 삶을 살고 있나? 혹시 오지 않는 비행기를 기다리는 원주민처럼 살고 있는 건 아닌가?'

아이에게 늘어놓던 잔소리가 어느새 나를 향해 날아들었다.

'본질에 충실한 '하루 하루'를 살아간다면, 어느새 우리 삶 자체가 '본질'이 되어 있지 않을까?'

당신은 신호를 잘 알아차리나요?

'신호에 예민한 사람은 불운을 피한다'

"다르게 생각하라."

– 스티브 잡스(Steve Jobs)

《당신의 말》이라는 책에 저자의 외할머니에 관한 이야기가 나온다. 저자는 근 30년 동안 외할머니와 한 방을 썼다. 할머니는 밤이면 라디오를 들으셨다. 그렇다고 특별히 즐겨듣는 프로그램이 있던 것은 아니었다. 그저 조용조용 흘러나오는 말소리와 노랫소리를 찾아 들을 뿐이었다.

그런데 손자가 누워서 잠을 청할 때면 늘 똑같은 말씀을 하셨다.

"안 시끄럽니?"

그러면 손자의 대답도 매번 똑같았다.

"네, 안 시끄러워요."

마지막은 늘 할머니의 혼잣말 같은 말로 마무리되었다.

"그럼 다행이다."

손자는 늘 같은 대답을 할 때마다 할머니의 질문이 신경 쓰였다.

저는 후보 3번입니다만…

게다가 기껏 잠이 막 들려는 찰나에 질문이 날아들면 거슬리기까지 했다. 그렇다고 화를 낼 수도, 왜 매번 같은 걸 물으시냐고 추궁할 수도 없었다.

그러다 어느 날, 문득 할머니의 속마음을 알아챘다. 할머니는 적적해서 라디오를 듣고 있었지만, 당신이 잠이 들려는 순간이면 라디오를 끄고 싶으셨다. 그런데 만약 손자가 귀 기울여 듣고 있다면 계속 켜두실 생각이었던 것이다. 다만 그 모든 걸 굳이 말로 하지 않으셨을 뿐이다.

우리는 말 대신 '신호'를 보내며 산다. 할머니의 신호는 그야말로 '배려'와 '사랑'의 신호이지 않았을까?

나는 신호를 제대로 간파하지 못한 탓에 적잖이 화가 났던 경험이 있다.

어느 날, 커피숍에서 식어가는 커피를 홀짝이고 있었다. 그런데 하필 읽던 책이 너무 지루하고, 목도 뻐근했다. 나는 고개를 살짝 들어 올려 주위를 살폈다.

한 남자와 한 여자가 보였다. 탁자를 사이에 두고 마주 앉아 정답게 이야기를 나누고 있었다. 가끔씩 웃었고, 가끔씩 침묵했다. 연인 사이도 부부 사이도 아닌 것 같았다. 특별히 눈길을 끌 만한 사람들도 아니었는데, 나는 이상하게 그들에게서 시선을 거두기 힘들었다. 그들 사이에는 미묘한 친밀감이 있었다. 동시에 분명한 거리감도 있었다.

중간 중간 남자의 시선이 흔들렸다. 담배를 피우고 싶은 건가 싶었는데, 달싹이는 입술을 보니 할 말이 있는 것 같았다. 남자의 이야기가 시작되자마자 여자의 표정이 공허해졌다. 그리고 이내 실망감이 퍼져갔다. 그러다 급기야 약간의 혐오감이 여자 얼굴에 자리 잡았다.

그래, 내가 왜 저들에게 시선을 두고 있는지 마침내 생각났다!

대학 때, 나와 친한 남자 선배가 있었다. 독한 말로 장난을 쳐도 앙금을 남기지 않는 사이라 편했다. 게다가 내 글이 멋지다며 글을 써보라고 진지하게 조언해준 사람이기도 했다. 그렇다고 서로 이성적인 감정을 가졌느냐 하면 그건 아니다. 외부적으로는 꽤 친밀해 보이는 선후배였을 테지만, 둘 사이엔 적당한 거리감이 팽팽한 끈처럼 유지되었다.

사실 그는 대학 시절 내내 좀 이해할 수 없는 행동을 했다. 소리소문 없이 입대를 하더니, 제대 후 얼마 있다가 결혼을 한다고 했다. 결혼 소식도 직접 전하지 않았고, 결혼식에 부르지도 않았다. 곧이어 아이를 낳았다는 소문이 들려왔다.

굳이 내게 사생활을 알려야 할 이유는 없지만, 그렇다고 알리지 않을 이유 또한 없어 보였다. 섭섭하다고 하기엔 친밀도가 떨어지고, 그렇다고 모든 걸 이해하기엔 마음 한 구석이 편치 않는 그야말로 묘한 기분이 들었다. 하여튼 그렇게 그와의 인연은 끊기는 듯했다. 나는 그저 그의 예상치 못한 인생 항로가 즐거운 모험이었으면 싶었다. 하지만 간혹 학교에 들른 그를 볼 때마다 어쩐지 마음이 불편해지곤 했다.

졸업 후 정신없이 살고 있던 어느 날, 그가 내게 전화를 해왔다. 그러곤 얼굴이나 보자며 커피숍에서 기다리겠다고 했다. 그날, 커피를 사이에 두고 마주 앉아 들여다본 선배의 얼굴이 딱 커피숍 그 남자의 얼굴이었다. 시선이 불안하게 날아다녔고, 대화 중간 중간에 입술을 달싹였으며, 용건을 차마 꺼내지 못하는 서성임까지 똑같았다.

그는 내 안부를 물었다. 하지만 일상적인 내 대답에는 전혀 관심이 없어 보였다. 그러다 경제적으로 여유가 있는지를 은근슬쩍 물어왔다. 나쁜 신호였다! 그러고도 그는 계속 신호를 보내왔다. 탁 터놓고 말하지 못하는 비겁함을 주렁주렁 매단 채, 집요하기가 이루 말할 수 없었다.

속이 답답해진 내가 물었다.

"선배! 원하는 게 대체 뭐예요?"

기습 공격이었을까? 잠복 중이었다가 들키기라도 한 것처럼 그가 당황했다.

"그게 말이야….."

원래 저렇게 비겁한 사람이었나? 나는 저 사람과 왜 친했었지? 짜증이 훅 올라왔다.

"내가 이번에 토탈 상조회사에 다니기 시작했는데 말이야….."

아! 그의 비굴한 눈매가 우리 사이 팽팽한 끈 하나를 야무지게 끊어냈다.

"나보고 상조 들라고요? 내가 돈이 어딨어요! 선배! 고작 그 이야기 하려고 만나자고 했어요?"

내가 사납게 물었다.

고개를 끄덕이기도 애매해진 그가 아랫입술을 질끈 깨물었다. 아! 그리고 보니 커피값도 나더러 내라고 했다. 시선을 떨구어 식어가는 커피와 그를 번갈아 쳐다보았다.

그는 내게 무수히 '신호'를 보냈다. 어쩌면 알아채지 못한 나의 둔감함이 문제였는지 모른다. 연락이 끊긴 후배에게 전화한 신호, 오랜만에 만난 후배에게 커피값을 내라는 신호, 어깨가 이상하리만큼 앞으로 굽어버린 신호, 머리에 젤을 잔뜩 발라 딴 사람처럼 보였던 신호…. 그 모든 신호를 미리 알아차렸어야 했다.

커피숍에 앉은 여자가 미간에 주름을 잡았다.

팅!

둘 사이의 팽팽한 끈 하나도 보기 좋게 끊어졌다. 여자가 먼저 일어났다. 남자의 시선이 창밖을 배회했다. 창을 통해 여자의 뒷모습이 보였다. 나는 알 것 같았다. 여자가 무슨 생각을 하고 있는지.

'왜 신호들을 알아채지 못했을까? 지금 보니 모든 게 이상했는데….'

'혹시 신호를 알아채지 못하고 있는 건 아닐까? 둔감함을 버리고 예민함으로 무장해 무수히 쏟아지는 신호들을 간파해보자.'

저는 후보 3번입니다만…

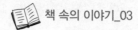

'편견을 버리면 새로운 발견을 한다'

"여자란 아무리 연구를 계속해도
항상 완전히 새로운 존재다."
- 톨스토이(Leo Tolstoy)

아내는 꿈이 맞은 적이 없다고 했다. 그에 반해 내 꿈은 모두 현실이 되었다. 그래서 꿈자리가 안 좋으면 가족에게 신신당부한다. 가급적 외출을 자제하고, 물가 근처에도 가지 말라고. 그리고 무엇보다 사람 조심하라고.

간밤에 꿈자리가 사나웠다. 누군가 홀연히 나타나더니 나의 소중한 앨범을 발로 밟아버렸다. 나의 추억이 타인에 의해 훼손되는 것이야말로 악몽 중 악몽인 듯싶었다. 꿈속이었지만 어찌나 화가 나던지 나는 소리를 빽 질러버렸다. 그러곤 그 소리에 내가 놀라 허겁지겁 잠에서 깨어났다.

'가뜩이나 요즘 회사 분위기도 좋지 않은데 악몽까지 꿀 건 뭐람. 오늘 하루 단단히 몸을 사려야겠어.'

오전 11시 30분! 딱 30분만 견디면 점심시간이었다. 나는 연신 시계를 올려다보며 상상했다. 분침을 힘껏 밀어 12에 갖다 놓는 상상!

11시 45분, 뱃속에서 밥 달라고 난리다. 두 발을 슬리퍼에서 슬쩍 빼서 구두에 밀어 넣었다. 그러곤 자연스럽게 걸어 나가 화장실에서 몇 분을 흘려보낼 참이었다. 복도 끝 화장실까지 2분 정도가 소요되니 왕복 4분, 용변과 손 씻기를 느긋하게 하면 얼추 점심시간이 될 것 같았다. 나는 삐걱대는 로봇처럼 느리고 답답하게 복도로 걸어 나갔다.

획!

맞은편 고객 상담실 문이 열렸다. 나는 가볍게 눈인사를 건네려고 쳐다봤다. 그런데 상담원이 배를 부여잡고 나왔다. 얼굴은 시뻘개져 있었고, 허리는 앞으로 반쯤 접힌 상태였다.

"어디 불편하신가요?"

내가 물었다.

"김 팀장님! 저 배가 너무 아파서 그러는데요…. 잠시만 제 자리에 있어 주세요. 상담 전화가 올지도 몰라서요."

금방이라도 앞으로 고꾸라질 것 같은 자세로 그녀가 말했다.

"다른 상담원들 있잖습니까! 점심시간이 다 되어서 저는…."

가능한 젠틀한 태도로 말하고 나는 급히 몸을 돌렸다.

"안 돼요! 김 팀장님!"

상담원이 난데없이 내 손목을 거칠게 잡았다. 손힘이 얼마나 쎄던지 내 몸이 휘청했다.

"다른 상담원들 모두 결근했어요. 그러니까 전 자리를 비울 수가 없다구요. 악! 배가 너무 아프니까 화장실 금방 갔다 올께요. 제 자리에 좀 앉아 계세요! 꼭이요!"

상담원이 허리를 접은 채 복도 끝 화장실로 달려갔다. 나는 할 수 없이 고객 상담실로 들어섰다. 작은 사무실을 한 바퀴 쭉 둘러보고는, 입맛을 쩝 다시며 방금 나간 상담원 자리에 털썩 앉았다.

시계를 보니 11시 55분, 그러고 보니 5분 동안 남의 책상에 앉아 있는 것도 그리 나쁜 일은 아닌 것 같았다. 괜히 거절을 했다 싶어 피식, 웃음이 새어 나왔다.

11시 57분! 천천히 일어나 문을 열고 나가면 끝이었다. 나는 의자에서 몸을 일으켰다.

그때였다!

"띠리리링! 띠리리링!"

나는 너무 놀라 숨을 헉 들이마셨다.

"띠리리링! 띠리리링!"

전화를 받지 않으면 고객도 포기할 게 분명했다.

"띠리리링! 띠리리링!"

집요한 고객이었다.

'그냥 사무실을 빠져나갈까? 아니지! 엄연히 지금 근무 시간인데 전화를 받지 않으면 근무 태만으로 꼬투리를 잡힐지 몰라. 만약 통화가 길어지기라도 하면? 점심시간이라고 공손하게 말하지 뭐.'

"띠리리링! 띠리리링!"

나는 가볍게 헤드셋을 끼고 콜 버튼을 눌렀다.

"네, 반갑습니다. 소라식품입니다. 무엇을 도와드릴까요?"

내 목소리가 은근히 매력적으로 들렸다. 이런 부드러운 목소리를 듣고 불평을 늘어놓을 고객은 없을 것 같았다.

"저기요!"

난데없이 뾰족한 목소리가 날아들었다.

"네, 고객님! 말씀하십시오. 무엇을 도와드릴까요?"

다시 한번 마지막 '요'자를 끌어올려 주문을 걸듯 말했다.

"소라식품의 주력 상품이 뭔가요?"

학생의 잘못을 스스로 시인하게 하려는 선생님처럼 상대가 질문 일격을 가했다.

"아⋯. 저희 소라식품의 주력 상품 말씀이시군요? 소라 과자입니다."

내가 억지로 웃으며 대답했다.

"그죠? 그런데 왜 소라 과자가 맛이 없죠?"

아! 시계가 12시 정각을 가리켰다. 마음이 다급해졌다.

"고객님 구입하신 소라 과자에 만족하지 못하신 점 회사를 대신해 사과드립니다."

나는 얼른 '오프' 버튼에 손가락을 가져갔다.

"아니, 이것 보세요! 이게 어디 사과만 하고 얼렁뚱땅 넘어갈 문제인가요? 소라 과자의 생명은 바삭함인데, 바삭함은 눈을 씹고 봐도 없다구요. 어디 그뿐이에요? 소라의 뾰족한 부분이 다 부서져서 맛도 모양도 엉망진창이라구요!"

저는 후보 3번입니다만⋯

휴전을 요청하는 나를 향해 상대는 사격을 멈추지 않았다. 순간, 짜증이 훅 솟구쳤다. 배에서는 꼬르륵 소리가 나고, 화장실에 간 상담원은 돌아오지 않고, 화가 난 고객은 전화를 끊을 생각이 없다. 아차! 그제야 사나운 꿈 생각이 퍼뜩 떠올랐다.

"고객님, 화나신 점 충분히 이해합니다. 다만, 지금 점심시간이라 저는 이만 전화를 끊어야 할 것 같습니다. 그럼 오후에 다시 전화 주십시오."

나름대로 깔끔한 마무리라고 생각하며, 나는 '오프' 버튼을 꾹 눌러버렸다. 마지막에 여자의 씩씩거리는 소리를 들은 것도 같았다. 하지만 내 알 바 아니었다. 나는 그저 전쟁터에서 무사 귀환한 심정으로 홀가분하게 사무실을 빠져나왔다.

5시 50분 업무가 끝나가는 시간, 나는 하루 중 이 시간이 가장 행복하다. 가족이 모두 집에 돌아오면, 사나운 꿈을 떨쳐내기 위해서라도 일찍 잠들자고 말할 셈이었다. 생각만 해도 기분이 좋았다. 그래서 그런지 시선이 시계에 가서 오래 머물고 있었다.

그때 문득 복도에서 큰 소리가 들려오는 것 같았다. 나는 느긋하게 구두로 갈아신고 컴퓨터 전원을 껐다. 다른 직원들이 빼꼼히 복도를 내다보고 있었다.

그런데 어느새 소란스러움이 고성으로 바뀌었다. 나는 얼른 책상을 정리하고 복도로 나갔다.

아까 그 고객 상담원 직원과 한 여자가 실랑이를 벌이고 있었다.

"고객님, 진정하세요. 제가 이미 사과했잖아요!"

덩치 큰 여자가 상담원 팔을 거칠게 밀었다.

"그런 사과는 필요 없다고 몇 번 말해요! 아까 그 남자 상담원 불러오라구요!"

아! 여자는 나를 찾는 게 틀림없었다. 또다시 전투가 시작되려는 모양이었다. 나는 고개를 푹 숙인 채 슬금슬금 그들 쪽으로 걸어갔다. 막 그들을 지나치려는 순간, 상담원이 원망 어린 눈으로 날 쳐다보는 게 느껴졌다. 내 눈빛은 나부끼는 깃발처럼 휘적댔다. 그때 덩치 큰 여자가 눈을 번뜩이며 날 노려봤다.

"저기요!"

여자가 날 향해 야무지게 외쳤다. 나는 커다란 덫에 걸린 것만 같았다.

"네… 네?"

내가 공손히 물었다.

"맞네! 오전에 전화 받으신 분 맞죠?"

순간 줄행랑을 칠까 하는 생각이 들었다. 하지만 문 밖으로 고개를 내민 직원들 눈이 너무 많았다.

"아, 그게 말입니다. 직원이 잠시 화장실에 간 사이에…."

"소라 과자에 대한 제 불만을 무시하시나요?"

여자가 내 말을 싹뚝 잘라버렸다.

"아뇨. 그럴 리가요. 저는 그저 퇴근 시간이라…."

"아까는 점심시간이라 전화를 일방적으로 끊으시더니, 이제는 퇴근 시간이라구요? 소라식품은 고객 응대를 늘 이런 식으로 하나요?"

　여자는 질문 공격이 특기인 것 같았다. 그러고 보니 사나운 꿈이 서서히 현실이 되고 있었다.

　"고객님, 일단 상담실로 들어가시죠."

　나는 할 수 없이 여자를 상담실로 밀었다. 그런데 내 손이 여자의 어깨에 가볍게 닿는 순간 기분이 이상했다. 바늘에 찔린 것처럼 흠칫 놀라 소름이 돋고 만 것이다.

　"흠! 그러니까요. 제 말은 소라 과자의 품질에 신경을 좀 써달란 거예요."

　상담실 의자에 앉자마자 여자가 말했다. 나는 여자의 얼굴을 찬찬히 들여다봤다. 동그란 얼굴에 쭉 째진 눈, 뭉툭한 코…. 별 특징 없는 얼굴이었다. 여자가 자기 할 말만 이어가길래 나는 무심히 시계 쪽으로 고개를 돌렸다.

　'아! 점!'

　여자의 눈 밑에 있는 진한 갈색 점이 눈에 쏙 들어왔다. 낯설지 않았다.

　"아까 고객 응대를 제대로만 하셨어도 제가 힘들게 여기까지 올 일은 없었을 거예요. 시간도 없고, 돈도 없는데, 아차! 물론 돈이 아주 없진 않지만…. 하여튼 여기까지 오게 만드셨으니 책임을 지셔야죠!"

　여자가 내게 눈을 흘기며 말했다.

　"책… 책임을 지라니요? 돈을 달라는 말씀이신가요?"

내 말에 옆에 선 상담원이 불안하게 서성였다.

"돈이라뇨? 제가 그런 진상으로 보이세요? 기가 막혀서!"

여자가 거칠게 팔짱을 끼며 콧방귀를 뀌었다.

"제가 오해했다면 죄송합니다. 그럼 원하시는 게…?"

나는 집요하게 여자의 눈 밑 점을 쳐다봤다. 도대체 저 점을 언제 어디서 본 것일까?

"전 소라 과자 매니아니까, 소라 과자 한 박스로 보상해주세요!"

여자가 인심 쓴다는 듯 툭 말했다. 서성이던 상담원은 어이없다는 듯 눈을 희번덕댔다. 고작 소라 과자 한 박스를 받으러 회사까지 찾아온 진상 고객에게 질린 얼굴이었다.

"아, 네. 알겠습니다. 그 정도는 기꺼이 드릴 수 있지요. 그럼 여기 서류에 성함과 연락처를 적어주십시오. 확인 기록을 남겨야 하니까요. 그럼 바로 한 박스 드리겠습니다."

내가 서류를 내밀자, 여자는 능숙하게 자기 이름과 전화번호를 적었다.

'김. 미. 자!'

아! 생각났다.

"그럼 전 이만…."

상담원이 건넨 소라 과자 한 박스를 든 여자가 사무실을 유유히 빠져나갔다. 여자의 뒷모습에 누군가의 모습이 아른거렸다. 까르르 높은 소리로 웃던 스무 살의 김미자였다. 내가 남몰래 좋아하던 첫사랑이 소라 과자 한 박스를 덥썩 받아들고 사라졌다. 순식간에 입안이 텁텁함으로 가득 찼다.

상담원과 나는 씁쓸한 눈빛을 주고받고 사무실을 나왔다. 그 사이 김미자는 이미 가버린 것 같았다.

아! 사나운 꿈이 이번에도 현실이 되었다. 그래도 악몽을 김미자로 퉁 쳤으니 오늘 남은 악몽은 더 이상 없을 것 같았다.

집으로 가는 길, 문득 스무 살 김미자의 눈 밑 갈색 점을 흘끔거리던 스무 살의 내가 떠올랐다. 나는 길 한복판에서 미친 사람처럼 껄껄껄 웃기 시작했다. 그러다 집에서 날 기다리는 빛바랜 앨범을 위해 발걸음을 재촉했다.

김훈 작가의 《라면을 끓이며》 259쪽에 '아줌마'에 관한 이야기가 나온다.

"이 사회의 인구구성 안에 아줌마라고 불려야 마땅한 인류학적 여성집단이 별도로 존재하는 것인지 아닌지는 딱 부러지게 말할 수 없다. 그러나 아줌마라는 유형화된 질감과 '티'는 완연하게 존재한다."

이 글귀를 읽으며 나는 아줌마의 이미지를 머릿속에 그려보았다. 얼굴에 철판을 깔고, 부끄러움은 애초 경험해보지 못했다는 얼굴로 억지를 쓰는 '아줌마'가 선명하게 떠올랐다.

그런데 나도 엄연히 아줌마다! 나름대로 품위를 지키려 노력하는 사람이지만, 보편적인 시각에서는 그냥 아줌마인 것이다. 슬쩍 반감이 들어 전형적인 아줌마가 등장하는 이야기를 구상했다. 통쾌하게 반격을 가하는 '전형적인 아줌마' 말이다.

그런데 아무래도 좀 뻔한 이야기일 것 같아서 조금 다른 아줌마를 상상해봤다. 그렇게 '블랙컨슈머'이자 첫사랑 아줌마 김미자 씨가 만들어졌다.

첫사랑에 대한 아련한 추억을 단번에 없애주는 김미자 씨는 블랙컨슈머가 확실하다. 하지만 소라 과자 한 박스에 생글거리는 단순한 사람이다. 간밤에 꾼 악몽 같은 복잡한 생각과 감정에서 멀찍이 떨어진 소박한 사람 말이다.

이 이야기를 읽은 우리 아이는 김미자 씨가 주인공인 이야기를 써달라고 요청했다. 김미자 씨도 무슨 사정이 있을 거라면서 말이다. 하지만 나는 어딘가에서 소라 과자의 바삭함을 즐기고 있을 김미자 씨를 '신비주의'로 남겨두고 싶다. 아줌마에게도 신비로울 권리가 있으니까!

'아줌마도 신비로울 권리가 있다!'

4장

계속 달릴
당신을
위해

진실의 현장

'세상에서 가장 강력한 힘은 진실의 힘이다'

"진실함은 마음이라는 조개껍데기 안에서 만들어지는 진주이다."

– 이슬람 수피족 속담

심사위원이 심사평을 하기 위해 마이크로 다가갔다. 그때 한 남자가 무대 앞을 정신없이 뛰어 지나갔다. 사람들의 시선이 일제히 그에게로 쏠렸다. 심사위원도 그에게 시선을 던졌다가 이내 마이크를 잡았다.

"올해 백일장에는 정말 많은 분이 참가해주셨습니다. 그리고 멋진 작품도 참 많았습니다. 수상작을 선별하기가 만만치 않았는데요, 심사위원들이 가장 눈여겨본 대목은 다름 아닌 '진실'이었습니다. 글에 기교를 넣어 그럴듯하게 포장해도 진실이 빠져 있으면 결코 좋은 글이라고 할 수 없습니다. 그래서 가장 진실한 글을 대상작으로 선정했습니다."

경험 삼아 가족과 백일장에 참가한 날이었다. 날씨가 좋아서 참

저는 후보 3번입니다만…

가자가 꽤 많았다. 글제가 발표되자 사람들의 얼굴에 진지함이 묻어났다. 나는 어정쩡하게 그 사이에 끼여 한숨만 내쉬고 있었다. 제시된 글제들은 하나같이 평범하기 짝이 없었다. 그런데 그 평범한 글제들로도 생각나는 이야기 한 대목조차 없었다.

할 수 없이 터벅터벅 걸어 자리로 돌아왔고, 이야기를 생각해내느라 인상을 써댔다. 이리저리 머리를 굴려봐도 빈약한 경험만 몇 개 떠오를 뿐, 더 이상 발전된 생각은 없었다. 다음 순간, 답답한 마음에 한 바퀴 둘러보자 싶어 몸을 일으켰다.

그때 한 남자가 쌩하고 달려 지나갔다. 무슨 급한 일인가 싶어 난 무심히 고개를 돌렸다.

곳곳에 돗자리를 깐 사람들이 고개를 파묻고 맹렬히 글을 쓰고 있었다. 백발이 성성한 할머니 한 분은 기품 있는 자세로 또박또박 글자 성을 쌓고 있었고, 한 여성은 벤치 대신 현실과 기억 사이 어디쯤에 머물고 있는 것 같았다. 그러다 잠시 후, 왈칵 눈물을 쏟아내며 현실과 기억의 경계를 더 희미하게 만들었다. 그런가 하면 빵모자를 눌러쓴 할아버지 한 분은 꽉 다문 입술로 한 글자 한 글자 정성을 담아 글을 써 내려갔다. 그 모습은 흡사 평생 한 가지 일에 매진해온 장인의 모습처럼 보였다. 참가자들이 저마다 깊은 몰입의 상태에 이른 것을 보자 나도 갑자기 마음이 다급해졌다. 딱히 떠오른 아이디어는 없었지만, 일단 뭐라도 써야겠다 싶었다. 그래서 자리로 돌아가려 몸을 획 돌렸다.

후다닥!

아까 그 남자가 또 달려갔다. 분명 같은 방향으로 달려갔던 것 같은데, 어느새 한 바퀴를 돌았나 싶어 신기했다. 남자의 등에 메어진 작은 배낭이 일정한 리듬으로 덜컥거렸다. 나는 남자의 뒷모습을 멍하니 보고 있었다. 그때 운 좋게 희미한 기억 한 조각이 떠올랐다. 멀어지는 남자에게 고마워하며 나는 얼른 돗자리로 달려갔다.

마감 시간이 다가오자, 이미 제출한 사람들의 수다 소리가 커지고 있었다. 그 때문에 집중력이 자꾸만 흐려졌다. 난 입술을 잘근잘근 씹어대다 신경질적으로 고개를 들어 올렸다.

후다닥! 그 남자가 또 지나갔다. 그쯤 되자 남자가 시계의 초침이 아닐까 하는 생각마저 들었다. '딸깍딸깍' 정해진 보폭으로 정해진 구간을 반복하는 초침!

마침내 2등까지 호명되고, 마지막 대상만 남은 상태였다. 백발의 어르신들이 기대에 찬 눈으로 무대를 바라보고 있었다. 나는 내심 빵모자 할아버지가 호명되길 바라며 할아버지를 흘끔거렸다.

후다닥! 이번에도 남자가 무대 앞을 달려 지나갔다. 초침이 또 한 바퀴 돈 모양이었다. 사람들의 시선이 남자를 따라 이동했다.

굵은 목소리를 가진 심사위원이 대상 이름을 호명했다. 아쉽게도 빵모자 할아버지는 아닌 것 같았다. 20대 아가씨 한 명이 사뿐사뿐 무대 위를 오르는 게 보였다.

콩콩콩! 어느새 되돌아온 남자가 무대를 바라보며 뛰어올랐다. 사람들은 물론 아가씨의 시선도 남자에게 꽂혔다. 그런데 아가씨의

　　　　　　　　　저는 후보 3번입니다만…

눈빛에는 남다른 것이 서려 있었다. '익숙한 짠함.'

"대상 작품에는 자폐증 동생을 둔 누나의 솔직한 심정이 담겨 있습니다. 부끄러워했던 존재를 당당히 인정하고 받아들이는 마음이 누구보다 절절하고 솔직했기에 심사위원들 모두 감동했습니다."

심사위원들의 시선이 제자리 뛰기를 하는 남자에게 가서 잠시 머물렀다. 누나와 눈을 맞춘 남자의 작은 배낭이 안정된 리듬으로 덜컥거렸다. 남자는 신이 났고, 누나는 울었으며, 그들을 지켜보는 우리는 '생생한 진실의 현장'을 볼 수 있어서 감사했다.

만약 삶의 진실을 찾아 집중한다면, 그리고 진실의 힘을 믿는다면 우리의 삶도 한층 풍요로워지지 않을까?

'진실은 강력하다. 그 자체로 하나의 스토리가 되기 때문이다!'

간절하게 원하면 지금 움직이세요

'간절하게 꿈꾼 사람이 성공한다'

"나는 열망하고, 열심히 노력하고, 혼신을 다하고 있다."

– 빈센트 반 고흐(Vincent van Gogh)

은유 작가의 책에 노희경 작가를 만난 이야기가 나온다. 오래전 작가와의 만남에 참석한 은유 작가는 당시 인기 드라마 〈거짓말〉의 대사를 줄줄 꿰고 있었다.

"선인장을 보면, 그런 생각이 들었어요. 언제나 울 준비가 되어 있는 사람 같다는 생각, 난 성우 선배가 왠지, 선인장 같아요."

작가와의 만남에서 은유 작가는 사인을 받기 위해 줄을 섰다. 그런데 종이 대신 가방에 있던 책을 꺼내 사인을 받고자 했다.

조심스레 "저도 작가님처럼 글을 잘 쓰고 싶어요."라는 말을 하며 책을 내밀었다.

그 책이 바로 나탈리 골드버그의 《뼛속까지 내려가서 써라》였다. 글쓰기의 고전으로 꼽히는 책이라는 점도 흥미로운데, 그 책에 노희경 작가가 써준 문장은 더 인상 깊다.

저는 후보 3번입니다만…

"간절하게 원하면 지금 움직이세요. 노희경입니다. 2005. 6."

그 문장에 강력한 힘이 있던 걸까? 은유 작가는 그 후 진짜 작가가 되었다.

우리 글쓰기 모임에 깔끔하게 글을 잘 쓰는 멤버가 있다. 그분 글을 읽고 있으면 잘 정돈된 방을 둘러보는 기분이 든다. 글쓰기 내공도 아주 깊어 글 쓰는 일을 업으로 삼으면 참 잘할 분이다.

어느 날, 글쓰기 모임에서 이런저런 이야기를 나누다가 내가 그녀에게 물었다.

"왜 글을 열심히 쓰지 않으세요?"

나는 그녀의 남다른 재주가 발현되길 기대하고 있었다. 그러기 위해서는 부지런히 글을 써야 할 텐데, 그녀는 일주일에 한 편이 최대치라고 말했다.

"할 일이 많아요. 운동도 해야죠. 아이들도 돌봐야죠. 청소도 하고, 엄마들과 만나서 가끔 차도 마셔야 하고…."

그녀는 많은 일정을 열거하다 끝내 말끝을 흐렸다. 아쉽게도 그녀에게 글쓰기는 우선순위에서 한참 밀려나 있었다.

내가 진지하게 물었다.

"그럼 글은 언제 쓰나요?"

나는 가끔 작가 나탈리 골드버그의 일침을 찾아서 읽고 또 읽어본다.

"사람들은 말합니다. '저도 글을 쓰고 싶긴 한데 아이도 여럿이고, 온종일 직장에 매여 있고, 집에서는 맨날 구박을 당하고, 부모님이 진 빚도 엄청나고….' 그 이유가 끝이 없어요. 그러면 나도 그들에게 말합니다. '다 핑계예요. 정말 쓰고 싶다면 쓰세요. 이건 당신 인생이잖아요. 그러니 책임을 지세요. 천년만년 살 것도 아닌데 언제까지 기다릴 건가요?'"

삶이 느슨해질 때, 게으름이 내 삶에 노크할 때, 이 글을 읽으면 정신이 번쩍 든다. 특히 마지막 문장 '언제까지 기다릴 건가요?'는 저돌적으로 내 속을 파고든다.

노희경 님이 쓰신 문장 '간절하게 원하면 지금 움직이세요.'를 꼭 기억하자. 만약 내가 지금 움직이고 있지 않다면 간절함이 부족한 탓이다. 간절함이 부족한데 꿈이 이뤄지리라 기대해선 안 된다. 꿈이 이뤄지지 않음을 불평해서도 안 된다.

일단 간절함을 끌어모으는 게 우선이다. 그런 다음엔 그냥 움직이면 된다.

그렇게 간절함을 품고 실제로 움직인 이들은 마침내 영광의 순간을 맞이했다. 미국의 추리소설 작가 얼 스탠리 가드너의 원래 직업은 변호사였다. 그는 온종일 변호사 일을 하고 돌아와 밤 11시부터 새벽 3시까지 꾸준히 글을 썼다. 그렇게 간절함을 끌어모은 시간이 무려 12년이나 된다. 100여 편의 단편소설을 써내고도 주목을 받지 못한 시간이었다.

그 후 그는 130권의 장편소설을 써냈다. 간절함을 끌어모아 계

저는 후보 3번입니다만…

속 움직인 덕분이다.

비단 글쓰기뿐 아니다. 정말 간절하게 원하는 것이 있다면 영영 오지 않을 시간과 기회를 기다리지 말자. 지금 바로 움직이자.

성패를 미리 가늠할 필요는 없다. 성공을 향해 가다 보면 반드시 실패와 먼저 만나야 하니까. 그러니 진짜 성공은 무수한 실패를 겪은 후에야 겨우 만나게 될 것이다.

무언가를 이루고 싶다면 이 문장을 잊지 말자.

"간절하게 원하면 지금 움직이세요!"

'간절함을 끌어모아 일단 움직이자. 그러면 어떤 방식으로든 꿈에 다가갈 수 있다.'

당신은 어떤 마음을 쓰며 사나요?

'굴곡마다 다른 마음을 쓰는 사람은 좌절하지 않는다'

> "세상은 고통으로 가득하지만 한편 그것을
> 이겨내는 일로도 가득 차 있다." - 헬렌 켈러(Helen Keller)

몽골 사막에 사는 유목민 부부에게 낙타 한 마리가 있었다. 처음 새끼를 낳게 된 어미 낙타는 엄청난 고통에 힘들어했다. 그 충격으로 새끼 낙타들을 거부하기에 이르렀다. 새끼들에게 젖을 물리지 않는 것은 물론이고, 자신의 곁에 오기만 해도 밀어내기 바빴다. 결국 새끼들은 배가 고파 하나둘 죽어갔다.

보통 이런 경우, 주인은 동물병원을 찾기 마련이다. 하지만 이 부부는 마두금이라는 악기를 연주하는 사람을 찾아갔다. 몽골의 전통 악기인 마두금은 소리가 구슬픈 현악기다.

마두금 연주자가 어미 낙타 앞에서 마두금을 연주하기 시작하자 쓸쓸한 음악 소리가 퍼져나갔다. 그 사이 유목민 아내는 낙타를 정성스레 쓰다듬어 주었다. 잠시 후, 놀랄만한 일이 벌어졌다. 어미 낙타 눈에 눈물이 가득 고였던 것이다. 그 후 낙타는 더 이상 새끼 낙타들을 거부하지 않고 젖을 물렸다.

나는 이 이야기에서 어미 낙타보다 새끼 낙타에게 더 마음이 쓰였다. 비록 꿈이었지만, 내가 새끼 낙타의 처지가 되어봐서 그런 걸까? 나는 가끔 그때 내가 쓴 마음에 관해 생각해보곤 한다.

어느 날, 꿈에 오래전에 돌아가신 엄마가 나왔다. 꿈속이었지만 얼마나 반갑고 좋던지, 나는 한달음에 달려가 엄마에게 안기려고 했다. 그런데 어쩐 일인지 딱 한 걸음만 남겨놓은 채 더 이상 엄마에게 다가갈 수 없었다. 나는 이유를 알려달라는 듯 애절한 눈으로 엄마를 쳐다봤다. 그런데 엄마 표정이 아주 싸늘했다.

꿈에서 깬 나는 터져 나오는 울음을 꾹꾹 눌러 담았다. 감정이 툭툭 건드려질 때마다 목구멍이 따끔따끔 아파 왔다.

그 후 오랫동안 엄마는 내 꿈에 다시 나타나지 않았다. 그런데 내 마음속에선 감정이 블록처럼 쌓였다 우르르 무너지는 과정이 반복되었다. 원망스러웠다가 슬펐다가 그리웠다. 나는 꼭 새끼 낙타가 된 것만 같았다. 젖을 주지 않는다고 엄마를 원망했다가 다시 그리워져서 주변을 배회하는 새끼 낙타 말이다.

밤에 눈을 감기 전에 기도했다. 엄마를 다시 꿈속에서 만나게 해 달라고.

그러던 어느 날, 감정의 블록들이 더 이상 탑을 쌓지 않고 사라진 자리에서 나는 엄마에 대한 감정을 '인정'하기 시작했다. 엄마에 대한 내 감정이 어쩌면 엄마와 전혀 무관한 것은 아닐까 하는 생각이 들었기 때문이다. 그리고 내가 만든 감정 속에 내가 묶여있다면, 그냥 홀홀 털고 일어나 가버리면 그만일 것만 같았다.

며칠 후, 엄마가 다시 꿈에 나타났다. 딱 한 걸음을 사이에 두고 다가갈 수 없는 건 마찬가지였다. 하지만 마치 기다렸다는 듯이 엄마가 말했다.

"엄마는 잘 살고 있어."

그리고 생긋 웃었다.

나는 이제 엄마에 대한 내 마음을 엄마에게 '추궁'하지 않는다. 그 감정과 마음은 온전히 내 것이기 때문이다. 엄마가 어디에서든 잘 살고 있다면, 나는 그걸로 충분하다.

한때 대단한 인기를 누렸던 배우 샤론 스톤은 40대에 건강 악화로 중풍을 경험했다. 그녀는 말하기는 물론 읽고 쓰는 기능까지 불편해진 그야말로 비참한 상태를 지나왔다. 그런 그녀가 자신의 경험 덕분에 얻은 것이 있다며 이렇게 말했다.

"한 번도 써보지 못한 내 마음을 쓰며 삽니다."

우리 안에는 몇 개의 마음이 존재할까? 나는 주로 어떤 마음을 쓰며 살까? 만약 삶의 굴곡마다 안 쓰던 마음 하나씩을 꺼내 쓸 수 있다면, 굴곡이 그리 나쁠 것도 없을 테다. 남보다 더 많은 마음을 써볼 기회를 얻는 셈이니까. 그리하면 굴곡을 원망하는 마음도 좀 줄어들지 않을까?

'우리 안에는 다양한 마음이 존재하고 있다. 그중 당신은 어떤 마음을 꺼내 쓰고 있는가?'

저는 후보 3번입니다만…

비가 온다, 노크 소리가 들린다

'다양한 감각을 가진 사람은 다양한 경험을 한 사람이다'

"경험은 배울 줄 아는 사람만 가르친다."
— 윌리엄 셰익스피어(William Shakespeare)

"무지개를 바란다면, 비부터 참아야 한다."

돌리 파튼이 한 말이다. 하지만 나는 비를 참아야 한다면 기꺼이 무지개를 포기할 생각이다. 왜냐하면 비가 오기 전에 어김없이 찾아오는 전조 증상이 있기 때문이다. 비가 오려는 찰나 내 머리의 중앙, 그러니까 정수리에서 한 3~4센티미터 오른쪽으로 빗겨 난 지점이 슬금슬금 아파 온다. 바늘로 콕콕 찌르는 거냐고 누가 물으면, 그건 아니라고 말한다. 두피 안에서 누군가 노크하는 느낌이라고 하면 다들 어리둥절해 한다. 그게 말이 되는 소리냐는 듯이. 그런데 진짜 딱 그 느낌이다. 더 이상 적합한 표현을 찾을 수 없다.

풋풋한 새내기 시절이었다. 하루는 새로 산 까만 재킷을 입고 학교에 갔다. 내 것도 아닌 언니 재킷을, 너무 이뻐서 몰래 입고 학교로 도망친 거였다. 반짝거리는 광택이 도는 재킷 덕분에 나는 온종일 히죽히죽 웃고 다녔다. 그런 날 보고 친한 선배가 물었다.

"너, 저녁에 약속 있니?"

"아뇨. 왜요?"

"그럼… 같이 어디 좀 갈까 하고…."

하늘 같은 선배가 하는 말이라 뭔가 심오한 의미가 있을 것만 같았다. 게다가 그렇게 예쁜 재킷을 입은 날엔 없던 이벤트도 만들어야 하지 않는가. 그래서 얼른 고개를 끄덕이고 함께 가겠다고 했다. 지금 생각하면 참 무모한 믿음이었다.

오후 5시쯤 되자, 우리 과 동기들과 선배들이 모였다. 그때쯤 목적지가 궁금해진 내가 선배에게 물었다.

"선배, 근데 우리 어디 가요? 근사한 곳이에요?"

"가보면 알아!"

마치 날 위한 서프라이즈 파티라도 계획해 놓았다는 듯 선배의 입매에 결연함이 묻어났다.

잠시 후, 지하철을 타고 다 함께 이동했다. 그런데 서면역에 내렸을 때부터 느낌이 좋지 않았다. 아무리 번화가라지만, 서면에 젊은 사람이 그렇게 많은 건 생전 처음 봤다. 게다가 모두가 묵직한 침묵을 지키며 한 방향으로 이동하는 것이 아닌가.

"우리 어디 가는 거래?"

옆에 선 동기에게 슬쩍 물었다.

"너 아직 못 들었어?"

동기 눈이 커다래졌다. 일행 중 목적지를 모르는 사람은 나 혼자

저는 후보 3번입니다만…

뿐인 것 같았다. 동기가 무슨 말을 하려는 찰나, 계단을 오르는 사람이 너무 많아 다른 데 신경 쓸 겨를이 없어졌다. 할 수 없이 나는 동기와 멀찍이 떨어져 계단을 올라갔다.

우리의 목적지는 넓은 도로였다. 이미 도착한 수많은 사람이 질서정연하게 줄을 맞추고 있었다. 언뜻 보아도 다 대학생이었다. 이렇게 많은 사람이 모여서 대체 뭘 하려는 걸까? 내 속의 불안함이 목구멍까지 차올랐다. 다음 순간, 광장의 중앙에 선 선배가 우리 자리라며 얼른 손짓했다.

"선배! 우리 여기서 뭐하는 거예요?" 답답해진 내가 물었다.

"정부의 잘못된 정책에 항의하는 역사적인 현장이야!"

선배는 마치 독립투사라도 된 얼굴로 이 말만 남기고 앞으로 나아갔다. 덩치가 큰 남자들이 전경들과 얼마 떨어지지 않은 곳에 자리를 잡고 있는 게 보였다. 선봉에 서서 전체를 이끄는 사람들인 모양이었다.

잠시 후, 누군가 소리쳤다. "김영삼 정권! 물러가라! 물러가라!"

그랬더니 사람들이 일제히 주먹을 들어 올려 그 말을 세 번 반복했다. 그제야 나는 눈치챘다. 말로만 듣던, 혹은 뉴스에서만 보아왔던 '데모'라는 것을!

솔직히 고백하자면, 나는 당시 김영삼 정권이 무슨 일을 어떻게 했는지, 왜 물러나야 하는지 전혀 아는 바가 없었다. 그저 언니의 새 재킷 걱정뿐이었다. 내가 가만히 있자, 옆에 선 여자 선배가 자기를 따라 하라며 눈짓했다. 그래서 나도 어정쩡하게 주먹을 들어 올려 함께 외치기 시작했다. "영삼 정권 타도!"

몇 번 반복하자 맞은편에 선 전경들이 혹하고 밀어붙이는 게 보였다. 그때부터 내 심장이 벌렁거리기 시작했다. 얼른 도망가고 싶은 마음뿐이었다. 하지만 인파 속에 단단히 끼어버린 상태라 도저히 뚫고 나갈 수가 없었다.

"김영삼은 책임져라! 책임져라! 책임져라!"

또다시 사람들이 입을 모아 외쳤다. 내 목소리는 이미 모기 소리보다 더 작아졌다. 어둠 속에서도 반짝거리던 언니의 새 재킷을 만지작거리며 도망갈 순간만 노리고 서 있었다. 행여나 새 재킷에 흠집이라도 나면, 그날로 언니한테 죽을 수도 있었다. 그러니 인파 속에서 죽을 것인가, 언니한테 죽을 것인가…. 내 선택은 딱 두 개뿐이었다. 후다닥!

다음 순간, 그 많은 인파가 사정없이 뛰기 시작했다. 전경들이 작정하고 밀어붙여서 대열은 순식간에 사라졌다. 나는 어느 방향으로 뛰어야 할지 전혀 알 수 없었다. 우왕좌왕하는 순간, 머릿속에서 커다란 종이 울렸다. '땡!'

지하철 환기구 위에 올라간 전경 한 놈(!)이 기다란 곤봉을 휘둘렀고, 곤봉 끝이 내 머리를 가격한 것이었다. 눈앞이 아찔해져서 몸이 크게 휘청했다. 그러곤 앞으로 풀썩 고꾸라졌다. 그 사이 주변은 이미 아수라장이 되었다. 곤봉에 머리를 정확하게 맞은 사람 몇이 피를 흘리기 시작했다. 전경들은 쉬지 않고 곤봉을 휘둘러댔고, 분노에 찬 사람들이 그들을 향해 저주에 가까운 쌍욕을 퍼부었다.

200

잠시 후, 우리 일행이 나를 발견했다. 그러곤 얼른 집에 가라며 내 등을 떠밀었다. 나는 반쯤 얼이 빠진 채로 지하철역으로 달려갔다. 때맞춰 도착한 지하철에 올라타자 그때부터 머리가 쿡쿡 쑤셔댔다. 손을 갖다 대니 머리에 호두알만 한 혹이 나 있었다. 그런데도 일단 지옥 같은 현장에서 벗어났다는 안도감에 긴장이 탁 풀렸다. 그러곤 정신없이 집에 가서 대자로 뻗어버렸다.

다음 날 학교에 가니 다들 내게 안부를 물어왔다. 그리고 선배가 한 마디를 덧붙였다.

"오늘도 집회가 있는데 말이야."

나는 어이가 없어 눈을 부라렸다.

"안 가요!!!"

야속함에 소리를 지르고 말았다.

생전 처음 경험한 데모는 내게 한마디로 죽음의 공포였다. 그리고 잘못한 것도 없는데, 어리둥절하게 서 있다가 머리를 얻어맞은 억울함이 내 속에 가득 들어찼다. 항의할 대상도 찾을 수 없는 막막함 앞에 한동안 삶이 무기력하게 느껴지기까지 했었다.

그렇게 해서 생긴 영광의 혹이 이제 내게 비를 알려주는 기상청 역할을 해주고 있다. 비가 오기 전, 공기 중에 물기가 가득해지면, 두피 안에서 누군가 노크한다.

'똑! 똑!'

그러면 그날의 지옥 같던 현장이 머릿속에 재생된다. 내 손을 꼭 잡은 선배의 손에서 땀이 배어 나오던 감각, 내가 맞은 걸 알고 전경에게 쌍욕을 퍼붓던 선배의 분노, 놀라서 갈 곳 잃은 동기들의 눈빛까지…. 쏟아져 들어오는 빛처럼 한꺼번에 내게 노크한다.

'똑! 똑!'

유쾌하지 않은 기억에 유쾌하지 않은 감각이 더해지는 시간, 그래서 나는 비 오는 날이 전혀 반갑지 않다. 그래도 다행인 건 지하철에 올라탄 직후 느꼈던 묘한 안도감도 함께 재생된다는 사실이다. 긴장과 이완이 차례대로 내 감각을 훑고 지나가면, 나는 그제야 생각한다.

'비가 오는구나.'

어제도 오늘도 비가 내린다. 나는 이미 알고 있었다. 비가 올 거란 걸. 집요한 노크 소리가 계속 들렸으니까.

'똑! 똑!'

노크 소리에 맞춰 처음으로 그들에게 안부를 전해본다.

똑! 똑! 잘 살고 있나요? 지옥에서 손을 꼭 잡았던 선배들!

똑! 똑! 잘 살고 있나요? 날 걱정해주던 동기들!

그들에게도 지옥처럼 재생되는 감각이라면, 그 감각을 한데 모아 내 혹 속에 구겨 넣고 싶다. 그래 봤자 노크 소리가 조금 더 커지는 정도이지 않을까?

'똑! 똑!'

'경험은 생생함을 남기고, 그 생생함은 우리의 새로운 감각이 된다!'

저는 후보 3번입니다만…

30%의 주인은 바로 당신!

'운명을 바꾼 사람들은 확실한 30%에 집중한다'

"당신의 운명이 결정되는 것은 결심하는 그 순간이다."

– 토니 로빈스(Tony Robbins)

유튜브 채널 '김수영 TV'에서 김수영 님이 한 구독자의 사연을 소개했다.

구독자는 아주 불우한 어린 시절을 보냈고, 현재 일용직 노동자로 일하고 있단다. 그런데 아주 비슷한 어린 시절을 겪은 김수영 님은 왜 본인과 전혀 다른 모습으로 살아가는지 궁금하다고 했다.

실제 김수영 님은 이와 비슷한 질문을 많이 받는다고 한다. 이에 대한 그녀의 대답이 참 인상적이다.

"우리의 삶은 70%가 운이에요. 우리가 대한민국에 태어난 것, 남자 혹은 여자로 태어난 것, 우리의 부모님을 만난 것, 이런 것들은 우리가 바꿀 수 없는 운이죠. 하지만 걱정하지 마세요.나머지 30%는 얼마든지 바꿀 수 있어요. 노력과 태도로 말이죠. 식상한 말이라고 생각하겠지만, 노력으로 충분히 운명을 바꿀 수 있어요. 저는 실업계 고등학교에서 2년 동안 미친 듯이 공부해서 연세대에 입학했어요. 주말이면 교보문고에 가서 열 시간 이상 닥치는 대로 책을 읽었고요. 책을 쓸 당시 회사에 다니고 있었기 때문에 근무 시간을 제외하고 나머지 시간은 오로지 글만 썼어요. 6개월 동안 아무도 만나지 않고 말이죠. 그 정도의 몰입을 경험하셔야 해요. 그러면 임계점을 넘기는 순간이 와요. 그래야 변할 수 있죠. 마지막으로 태도는 우리의 관점, 회복 탄력성, 판단력 등을 의미해요. 매 순간 어떤 결정을 하는지, 실패했을 때 어떻게 딛고 일어나는지를 말하죠."

그녀의 이야기를 듣고 있으니 절로 고개가 끄덕여졌다. 그리고 그녀가 말한 70%의 운에 관한 이야기를 읽은 기억이 났다. '운칠기삼(運七技三)' 즉 운이 70, 노력이 30이라는 뜻이다.

《리더의 자존감 공부》책에 이에 관한 내용이 나온다. 운칠기삼은 중국《요재지이》라는 책에 있는 말이다. 한 선비가 자신만 급제를 못하는 이유를 옥황상제에게 물었다. 옥황상제가 다음과 같이 말했다.

"정의의 신과 운명의 신이 술내기를 하여 정의의 신이 이기면 네가 옳은 것이고, 운명의 신이 이기면 더 이상 따지지 말고 돌아가라."

선비가 이를 수락했고, 운명의 신과 정의의 신의 술내기 결과가 나왔다. 운명의 신은 일곱 잔, 정의의 신은 세 잔밖에 마시지 못했다. 이에 옥황상제는 운수로 모든 것이 결정된다는 생각을 버리라고 말하고 선비를 돌려보냈다.

그러고 보니 한때 나는 70%의 운에 크게 집착했었다.

내가 아주 어렸을 때 이야기다. 어느 날 아빠 친구가 놀러 왔다가 지나가는 말로 내 사주 이야기를 했다. 사실 오래전 일이라 사주를 푼 것인지, 관상을 본 것인지는 정확하지 않다. 다만, 나를 똑바로 쳐다보며 했던 그 한마디가 평생 잊히지 않는다.

"부모를 잘못 만났네!"

그러자 아빠가 버럭 화를 냈다. 지금 생각해보면 그 짧은 한 마디가 알게 모르게 내게 지대한 영향을 미쳤던 것 같다. 내 삶이 막혀서 답답할 때마다 나는 어김없이 그 말을 떠올렸다.

'그래, 부모를 잘못 만나서 이런 거야. 부모 복이 없어서 되는 일이 없어. 좋은 부모를 만났으면 얼마나 좋았을까.'

훌쩍 어른이 되고 난 어느 날, 내가 아직도 그 말 뒤에 숨으려 한다는 사실을 뒤늦게 깨달았다. 부모님의 그늘을 벗어난 지 한참 지났는데도 말이다. 사실 노력조차 하지 않는 부끄러움을 모면할 심산으로 그 말을 끌어다 썼을 뿐이었다. 그 생각에 이르자 나는 한없이 부끄러워지고 말았다. 그래서 그때부터 나는 그 말을 내 마음에서 철저히 밀어내기 시작했다.

'운명이라는 70% 뒤에 숨지 말자. 내가 바꿀 수 있는 30%에만 집중하자.'

그렇게 결심하자 부모님에 대한 원망도 조금씩 줄어들었다. 물론 좋은 부모님을 만나서 어릴 때부터 내가 배우고 싶은 것들을 마음껏 배웠다면 나의 현재가 달라졌을지도 모른다. 하지만 그 당시 나의 부모님도 죽을힘을 다해 살았다는 것을 나는 잘 알고 있다.

우리는 쉽게 푸념한다. 내가 앞으로 나아가지 못하는 것은 내게 부족한 환경을 제공한 부모님 탓이라고, 혹은 내게 주어진 환경과 조건이 내 발목을 잡고 있는 거라고. 어느 정도 맞는 말이지만, 그 말만 붙잡고 있다간 우리 인생이 눈 깜짝할 사이에 지나가 버릴지도 모른다. 남아있는 시간, 앞으로 다가올 시간은 어떻게 해서든지 임계점을 돌파해야 하지 않을까? 푸념만 늘어놓는다고 달라지는 것은 아무것도 없으니까 말이다.

내 시간과 열정을 쏟아부을 대상을 발견했다면, 김수영 님의 말처럼 미친 듯이 몰입해보자. 알다시피 일생에 몇 번은 반드시 승부를 걸어야 한다. 그리고 그 승부에 쏟는 열정으로 임계점을 충분히 돌파할 수 있다.

아무리 해도 잡히지 않는 70%에 대한 희망을 버린다면, 손에 단단히 쥘 수 있는 30%에만 집중한다면, 우리는 반드시 우리 삶의 주인이 될 수 있다. 그러니 잊지 말자! 우리 손에 이미 30%가 쥐어져 있다는 사실을!

'확실한 30%를 바꾸기만 한다면, 누구든 운명의 주도권을 쥘 수 있다!'

저는 후보 3번입니다만…

딱 열 번만 외쳐보자

'감사는 감사로 채울 수 있다'

> "당신이 가지고 있는 것에 감사하세요.
> 그러면 당신은 더 많은 것을 가질 수 있을 것입니다.
> 당신이 가지고 있지 않은 것에 집중을 한다면,
> 당신은 절대로 절대로 충분히 가지지 못할 것입니다."
>
> – 오프라 윈프리(Oprah Winfrey)

《인생을 바꾸는 데는 단 하루도 걸리지 않는다》라는 책에 이런 말이 나온다.

'감사합니다!'라는 말을 2만 5천 번 반복하면 눈물이 절로 흘러넘친다. 단순히 '감사합니다!'라고 수없이 외친 것만으로도 누군가는 아토피가 나았고, 누군가는 시력이 좋아졌다.

나는 처음에 이 대목을 읽으며 크게 콧방귀를 뀌었다. 일종의 최면이나 사이비 종교 같은 게 아닐까 싶어서였다.

그러다 어느 날, '내가 반박해 볼 테다!'라는 심정으로 큰 소리로 외쳐 보았다.

'감사합니다!'

일단 한 번 외치자 나도 모르게 감사할 거리를 찾기 시작했다.

'그래, 아픈 데가 없으니 감사한 거지.'

다시 한번 '감사합니다!'

'그래, 별걱정 없이 살고 있으니 감사한 거지.'

그렇게 한 열 번쯤 외쳤나 보다. 이상하게 갑자기 울컥하고 말았다. 그러곤 나도 모르게 내가 살아있음에 감사하기 시작했다. 입으로 '감사합니다!'라고 발음하는 순간, 기분이 뭐라 형용하기 힘든 상태에 이르렀다. 마치 경건한 종교 의식을 행하거나, 깊은 명상에 빠진 것 같은 착각이 들기 시작했다. 감사할 일을 찾고 또 찾다가 결국엔 '내 존재' 자체에 감사하기에 이르렀다.

오늘 하루 무사히 살아냈음은 물론, 지금 이 순간 살아있음에 감사하고 내가 '나'임을 감사하게 되었다.

어느 날, 내가 아이에게 물었다.

"오늘 감사한 일 세 가지 뭐 있었어?"

아이가 심드렁한 표정으로 대답했다.

"딱히 감사한 일은 없었는데?"

"그래도 잘 생각해봐! 아주 작은 거라도 찾아보면 있을 거야!"

한참 만에 아이가 대답했다.

"급식에 내가 좋아하는 반찬 나온 거? 그리고 선생님한테 칭찬받은 거?"

아이가 마지막 하나를 생각하느라 눈알을 요리조리 굴릴 때 내가 말했다.

"엄마도 감사한 일 많았어. 그중 가장 감사한 게 뭔지 알아? 너랑 이렇게 앉아서 감사한 일 세 가지를 말할 수 있는 게 제일 감사해!"

그러자 아이 눈이 반짝였다.

"그럼 나도 그게 제일 감사한 일 할래. 엄마! 이렇게 말해보니까 예상외로 감사한 일이 많네?"

아이가 신기해하며 웃었다.

감사할 일이 하나도 없다고 말하는 사람은 감사할 거리를 열심히 찾지 않은 사람이다. 아주 작은 거라도 맹렬히 찾고 또 찾으면 감사할 거리는 넘쳐난다. 다만 감사할 의지가 있느냐 없느냐의 차이일 뿐이다.

만약 감사할 의지가 있다면, 오늘 감사한 일 딱 세 가지만 생각해보자. 그것도 귀찮으면 내가 했듯이 눈을 꼭 감고 큰 소리로 외쳐보자. "감사합니다!"

쉬지 말고 계속 외쳐 보자. 묘한 감정으로 울컥해졌다면, 당신도 당신 존재 자체에 가 닿았는지 모른다. 내가 다른 사람이 아닌 '나'라서 감사하고, 내가 살아있음에 감사했듯이 말이다.

그러니 딱 열 번만 크게 외쳐보자.

"감사합니다!"

"감사합니다!"라고 외치는 순간, 이미 당신 마음속에 감사가 차오른다. 그러니 이 쉽고 간단한 방법을 즉시 실행해보자.

신이 인간에게 심어놓은 '그것'

'열등감을 결정하는 것은 바로 우리 자신이다'

> "열등감을 거만과 오만으로 포장하게 되면,
> 열등감은 더욱더 깊어진다."
>
> – 말콤 포브스(Malcolm Forbes)

이런 이야기를 읽은 적이 있다.

신이 인간을 다 만든 후에 문득 장난을 치고 싶어졌다. 그래서 '이것'을 인간 어딘가에 숨겨둬야겠다고 생각했다. 하지만 도통 어디에 숨겨야 할지 알 수 없었다.

천사들이 갖가지 의견을 냈다.

"눈에 숨겨요!"

"코는 어때요?"

"귀는요?"

신은 고개를 절레절레 흔들었다.

그때 한 천사가 말했다.

"마음에 숨기세요!"

저는 후보 3번입니다만…

신은 아주 만족스러워했다. 그러곤 '열등감'을 인간의 마음에 심어놓았다.

내게도 열등감으로 힘들었던 시절이 있다. 필리핀에 있을 때, 다국적 기업에서 일한 적이 있다. 당시 한국 담당자는 나를 포함해 딱 두 명뿐이었다. 그 직원은 온 가족이 오래전에 필리핀으로 이민을 왔다고 했다. 그래서 필리핀어(따갈로그)와 영어, 한국어를 자유자재로 구사했다.

어느 날, 또 한 명의 한국인이 입사했다. 알고 보니 일본 유학 중에 필리핀 남자를 만나 결혼한 한국 여자였다. 그녀는 한국어, 일본어, 영어, 따갈로그를 할 수 있었다. 달랑 한국어와 영어만 할 수 있던 나는 시간이 지날수록 심리적으로 위축되기 시작했다.

물론 우리 셋은 한국어로 속 깊은 이야기도 나누며 꽤 친하게 지냈다. 하지만 다른 직원들과 소통할 때면 나만 소외되곤 했다. 따갈로그가 들려도, 일본어가 들려도, 나 혼자 꿀 먹은 벙어리가 된 것만 같았다. 그러다 한국 동료들이 한국어를 쓰면 그나마 내게도 발언권이 생기곤 했다. 하지만 그것도 잠시뿐이었다. 한 공간에 있으면서도 나 혼자 외로운 섬이 된 것 같은 기분, 그 때문에 마음이 한없이 좁아져만 갔다.

그런데 시간이 지날수록 좀 이상한 걸 발견했다. 일본어를 쓰는 한국인은 일본인 직원과 표면적으로는 아주 친해 보였다. 하지만 우리와 있을 때면 그 일본인에 관한 험담을 늘어놓았다. 그런가 하면 따갈로그를 쓰는 한국인은 필리핀 직원들과 까르르 웃다가도, 돌아서서 한국어로 그들을 욕했다. 물론 그들이 알아듣지 못하니 크게 문제 될 건 없었다. 하지만 아이러니하게도 나는 내가 알아듣는다는 사실이 참 싫었다. 정작 알아들어야 할 건 못 알아들으면서 알아듣지 않아도 되는 건 척척 알아듣는 것 같은, 한마디로 '엇박자'를 보고 있는 것 같았기 때문이다.

내 마음속 열등감이 그 회사에서 근무하는 동안 무럭무럭 자라났다. 게다가 내가 애써 외면하려 하면 할수록 무서운 속도로 성장했다.

다른 직원들이 봤을 때, 우리 셋은 참 친해 보였을 것이다. 한국인이라는 공통점에, 수다스러운 여자 셋이 눈만 마주치면 까르르 웃음꽃이 피는 듯 보였을 테니까.

하지만 나는 열등감 때문에 그들과 온전히 좋은 관계를 맺지 못했다. 그리고 그들이 일본인과 필리핀인에 대한 험담을 늘어놓을 때마다 나 혼자 속으로 그들의 '이중성'을 욕하곤 했다.

돌이켜 생각해보면 그들을 속으로 욕했던 일이 나의 열등감을 더 크게 키웠던 것 같다.

시간이 지나 나는 한국으로 돌아왔고, 더 이상 언어 때문에 열등감을 가질 필요가 없어졌다. 열등감에서 해방되어 행복했고, 평화로운 날들이 이어지는 것만 같았다.

그러다 어느 날, 문득 깨달았다. 내가 열등감을 어떤 식으로 다루었는지를. 나는 철저하게 '회피'로 일관했다. 내가 진정으로 원한 건, 열등감을 극복하는 것이지 회피하는 것이 아니었는데 말이다. 어쩌면 한국으로 돌아와 영어와 거리감을 유지한 것도 열등감을 '회피'하려는 의도였는지 모른다.

결국 나는 다시 영어를 들여다보기 시작했다. 처음에는 열등감을 극복하기 위해서였지만, 이제 영어를 언어로 즐기기 위해서 꾸준히 공부하고 있다.

살면서 내가 열등감에 휩싸일 때마다 그때의 일들을 생각한다. 그리고 점검한다. 혹시 열등감을 회피하고 있는 건 아닌지. 만약 그렇다면 나를 적극적으로 다독여 열등감을 대면하도록 한다. 그러면 마음속에서 이런 소리가 들린다.

'신이 우리 마음속에 이미 심어놓은 거잖아. 회피하면 할수록 무럭무럭 자란다는 걸 잊지 마!'

열등감을 키우는 일도, 없애는 일도 모두 우리 마음에 달렸다는 것. 그 단순한 진리를 사는 내내 기억하면 좋지 않을까?

'열등감은 전적으로 우리에게 달렸다! 잘 관리하는 현명함을 발휘해보는 건 어떨까?'

단 2초의 힘

'직감은 우리에게 강력한 메시지를 보낸다'

> "당신을 곤경에 빠뜨리는 것은 당신이 모르고 있는 것이 아니라
> 그럴 리 없다고 확신하고 있는 것이다."
>
> – 마크 트웨인(Mark Twain)

꾸벅 인사를 하고 고개를 들었다. 그의 얼굴이 한눈에 들어오기도 전에 하필이면 그의 삐져나온 코털이 내 눈에 콕 박혔다. 게다가 동굴 밖 구경을 나온 '한 가닥'도 아닌, 작정하고 머리를 늘어뜨린 '꽃다발'처럼 그야말로 '한 움큼'이나 삐져나와 있었다. 그 바람에 나도 모르게 미간을 움찔하고 말았다. 그의 눈을 바라보려고 아무리 애를 써도 시선이 자꾸만 미끌어졌다. 머리를 살짝 흔들고 다시 그의 눈을 응시했다. 그 옛날 매직아이를 보려고 눈물이 나도록 바라본 것처럼 열심히!

'하나, 둘, 셋, 넷, 다섯….'

그런데 어느새 나는 그의 코털 갯수를 세고 있었다. 상황이 이쯤되자, 스스로에게 집중을 강요하기도 지쳐버렸다. 대신 그의 인중

저는 후보 3번입니다만…

어디쯤을 바라보는 척하며 '한 움큼'의 실체를 파악하는 데 힘을 쏟았다. 그는 쉼 없이 말을 이어갔고, 코털보다 더 풍성한 머리털을 가끔씩 밀어 올렸다.

'아! 그때 그 사람도 코털이 한 움큼이었지.'

난데없이 생각난 그 사람과, 마주 앉은 이 사람의 공통점이 코털이라니. 어이가 없어서 실소가 터져 나왔다.

'아! 그러고 보니 그 사람을 처음 보자마자 떠오른 단어가 있었는데, 뭐였더라…?'

내가 그 사람을 만난 건 순전히 우연이었다. 대학생 때 아르바이트를 찾던 중, '간단한 판매'라는 대목에 이끌려 전화를 했다. 그랬더니 집 앞에 나와 있으면 그가 물건을 보여주러 온다고 했다. 한참 후에 낡은 봉고차 한 대가 내 앞에 끼익, 소리를 내며 멈춰 섰다. 다음 순간, 창문이 내려갔고 그의 얼굴이 보였다. 아니, 그의 코털이 보였다.

그런데 그 순간, 나도 모르게 단어 하나가 떠올랐다.

'사기꾼!'

불과 1~2초! 섬광처럼 반짝하고 단어는 사라졌다.

나는 태어나서 그렇게 많이 삐져나온 코털은 처음 봤다. 멍하니 그의 코털을 보고 있는 동안, 그가 물건을 주섬주섬 꺼냈다. 남자 손보다 살짝 큰 핸디 청소기였다. 자동도 아닌 수동 청소기! 아래쪽 솔이 쓱 지나가면 먼지를 안에 저장하는 제품이라고 했다. 그리고 무엇보다 '홈쇼핑에서 없어서 못 파는 제품'이라는 말을 휘리릭 책장 넘기듯 덧붙였다.

첫날, 어느 대형 슈퍼 앞에서 나는 쭈뼛거리면서도 꽤 여러 개를 팔았다. 우선 테이블에 깔린 까만 천 위에 미리 준비한 먼지를 흩뿌린다. 그러곤 마술사라도 된 양 의기양양하게 핸디 청소기를 쓱 움직인다. 마지막으로 감쪽같이 사라진 먼지는 안에 있다며 짠 하고 뚜껑을 열어 확인시켜준다.

몇몇 어르신이 뭔가에 홀린 얼굴로 내게 다가오면, 나는 '혁신적인 수동 청소기'를 움직이며 확신에 찬 말들을 주르륵 쏟아냈다. 적극적인 어르신들이 직접 해보곤 이미 슈퍼에 들어간 친구들을 불러모았다. 한 명씩 돌아가며 청소기를 움직여보고 이내 동시에 지갑을 열었다.

둘째 날, 어느 행사장 앞에 테이블이 설치되었고, 나는 북적이는 사람들 때문에 정신이 없었다. 그래도 최선을 다해 마술사 흉내를 냈다.

그런데 한 아저씨가 의심스러운 눈빛으로 인파를 헤치며 내게 다가왔다. 그의 눈엔 다른 어르신들의 눈에서 보이던 '호기심' 따윈 전혀 없었다. 그저 맹렬하게 의심을 풀고자 다가오는 모습이라 나도 모르게 살짝 뒤로 물러섰다.

"이거 홈쇼핑에서 방송하는 거 맞아요?"

다가올 때의 기운만큼이나 의심으로 똘똘 뭉친 말투였다.

"네, 그럼요."

저는 후보 3번입니다만…

나는 일부러 웃어 보였다. 그의 눈빛에 의심이 한층 응축되고 있었다.

"정말 맞다고요? 흠…."

그가 핸디 청소기를 들어 올리더니 이리저리 살펴보기 시작했다. 흡사 사건 현장을 검증하는 셜록 홈즈 같았다. 그는 한참 서서 솔 부분을 집중적으로 들여다봤다. 그러다 마침내 결정적인 단서를 잡았다는 듯 피식 웃었다.

그러곤 불쑥!

청소기를 내 코 앞에 들이미는 게 아닌가.

"이거 봐요! 얼마 전에 방송에 나왔다고요. 홈쇼핑에서 파는 진짜 청소기랑 비슷한 가짜가 판매되고 있다고. 여기 솔 보이죠? 이게 바로 가짜라는 증거라고요! 어디서 사람을 속이려 들어!"

제법 큰 목소리로 그가 소리치자 지나가던 사람들이 흘깃거렸다. 절로 목덜미가 뻐근해지고 머리가 아파 왔다. 나는 속으로 '코털 한 움큼'에게 퍼부을 말들을 추려냈다.

정해진 시간이 되자 그의 낡은 봉고차가 나타났다.

"오늘 많이 팔았어요?"

'코털 한 움큼'이 능청스레 물었다.

"사장님! 이거 홈쇼핑에서 파는 진짜 청소기라면서요!"

내가 씩씩거리며 말했다. 큰 비밀이라도 들킨 것처럼 그의 코가 씰룩였다. 그러자 코털도 덩달아 춤을 췄다.

"그렇죠. 진… 짜…."

그의 목소리는 바람 빠진 풍선이 되고 말았다.

"가짜인 거죠?"

내가 짜증 섞인 목소리로 물었다. 그는 물건들을 급하게 봉고차에 실었다. 그러곤 차를 몰고 쌩 가버렸다. 행사장 음악 소리가 내속만큼이나 시끄럽게 울려댔다. 인파 속에 나만 덩그러니 남았다. 그때 생각했다.

'그래, 처음 봤을 때 들었던 생각이 맞았어. 사. 기. 꾼!'

이와 관련해 익히 알려진 이야기를 소개해본다.

한 미술상이 '기원전 6세기 석상'을 가지고 캘리포니아 폴게티 박물관을 찾았다. 엄청난 가치가 있는 유물이라 미술상은 1,000만 달러를 요구했다. 박물관은 무려 14개월에 걸쳐 최첨단 분석에 들어갔다. 질량분석계는 물론 X-Ray 형광 등 다양한 조사가 진행되었다. 조사가 끝나자 석상은 '진품'으로 판정 났다.

그런데 한 운영위원이 그 석상을 보자마자 자신도 모르게 한 마디 내뱉었다.

"유감스러운 일이군요."

그런가 하면 한 미술관장은 석상을 보자 '새것'이라는 단어가 떠올랐다고 말했고, 다른 사람은 '유리벽이 가로막은 느낌'이 들었다고 했다.

그 이유는 무엇이었을까?

책으로 알려진 '블링크'의 개념은 단 2초 만에 일어나는 순간적

저는 후보 3번입니다만…

인 판단이라고 한다. 무의식의 영역에서 일어나는 일종의 직감인 것이다.

우리는 효율성을 높이기 위해 많은 부분을 무의식의 영역으로 끌어내린다. 그러다 결정적인 순간에 무의식이 판단을 내려서 우리를 움직이게 한다.

'기원전 6세기 석상'도 '핸디 청소기'도 둘 다 가짜였다. 미술 전문가들이 석상을 처음 보았을 때 떠올린 단어들, '새것' '유리 벽' '유감스러운 일' 등과 내가 '코털 한 움큼'을 보고 '사기꾼'이란 말을 떠올린 것 모두 '블링크'의 힘이다. 그러니 찰나의 직감을 순간의 착각쯤으로 생각하지 말고 면밀히 따져봐야 한다.

그래야 사기꾼을 만나지 않을 것이고, 나처럼 이틀 분 일당을 고스란히 떼이는 불행도 겪지도 않을 테다.

'블링크, 당신의 직감을 믿어라!'

당신은 블랙 스완을 만났나요?

'실패에 대비하는 사람은 블랙 스완을 가늠해본다'

"사람은 행운의 시기에 위대해 보일지 몰라도
실제로 그가 성장하는 것은 불운의 시기이다."
– 프리드리히 실러(Friedrich von Schiller)

《일취월장》이라는 책에 노벨상을 받은 인물에 대한 이야기가 나
온다. 평생 한 번도 받기 어려운 노벨상을 두 번이나 받은 사람이 넷
이나 있다. 라이너스 폴링, 프레더릭 생어, 존 바딘, 퀴리 부인이다.

그중 배우자도 노벨상을 받은 사람은 누구일까?

그중 딸이 노벨상을 받은 사람은 누구일까?

그중 사위가 노벨상을 받은 사람은 누구일까?

모두 퀴리 부인이다.

상식적으로 생각해보면 가능성이 거의 희박하지 않은가? 그런데
도 실제 일어났다는 데 주목할 필요가 있다.

그런가 하면 2008년에 델마 키니라는 미국인이 100만 달러 복
권에 당첨되었다. 그런데 2011년에 그에게 무슨 일이 벌어졌을까?

저는 후보 3번입니다만…

또 1등에 당첨되었다. 확률이 무려 25조 분의 1인 일이 실제로 벌어진 것이다.

옛날에 서양인들은 백조는 무조건 흰색이라고 생각했다. 다른 색깔 백조가 존재하리라고 생각한 사람은 한 사람도 없었다. 그런데 호주에서 검은 백조, 즉 블랙 스완이 발견되었다. 나심 니콜라스 탈레브는 이렇게 확률적으로 일어날 가능성이 없다고 여겨지는 일이 실제 발생한 것을 '블랙 스완'이라고 명명했다.

한 마디로 블랙 스완은 불확실성이자 커다란 운이다. 물론 행운일 수도 불운일 수도 있다.

심리학자 트래비스 프루는 이러한 불확실성에 사람들이 어떻게 반응하는지를 연구했다. 연구 결과 사람들은 패턴과 질서를 찾으려고 노력한다는 것을 알아냈다. 가능성이 희박한 일이 실제로 일어난 이유에 대해 논리적이고 이성적인 설명을 요구하는 것이다. 이를 '종결 욕구'라고 부른다.

종결 욕구가 강해지면 어떻게든 이유를 찾기 위해서 성급하게 결론을 내리는 경우가 많다. 가만히 생각해보면 하나의 이유로 설명할 수 없는 경우가 대부분인데도 말이다.

《일취월장》에서 저자는 우리가 하는 일은 물론, 사는 곳 자체가 복잡계이기 때문에 불확실성은 필연적이라고 말한다. 또 이를 섣불리 설명하려다가 오히려 고정관념을 가질 수도 있다고 말한다. 그러니 우리는 불확실성을 그 자체로 받아들일 필요가 있다.

최근 우리 가족은 '블랙 스완'을 직접 경험했다.

전국 4,637개 초등학교의 2,280,358명의 아이들이 참여한 제 11회 희망편지쓰기대회에서 대상은 9명뿐이었다. 그중 한 명이 바로 우리 아이다. 처음에는 얼떨떨해하며 매해 받던 지역상이 아니라 본상이구나 정도의 감흥만 가졌었다. 그런데 학교에서도 처음 있는 일이라며 담임 선생님이 들뜬 목소리로 전화를 하셨다.

책에서 설명한 '종결 욕구' 때문인지, 우리도 이유를 분석하기 시작했다. 아이가 색칠을 열심히 해서 눈에 띄었나? 여분의 편지지를 붙여서 기특했나? 내용이 감동적이었나? 글씨가 반듯했나?

다양한 추측을 해보았지만, 결론은 그저 상당한 '운'이 작용했다는 것이었다.

우선 시별로 우수한 편지를 모아 경기도 본부로 보낸다고 한다. 거기서 걸러진 편지들을 한데 모아 서울 본부로 보낸다. 교수와 소설가로 구성된 전문가들이 전국에서 걸러진 편지들을 모아놓고 최종 심사를 한다. 희망편지쓰기대회 홈페이지에 심사 사진이 올라와 있는데, 책상에 편지들을 쭉 펼쳐놓고 심사위원들이 옮겨 다니며 들여다보고 있다.

이렇게 적어놓고 보니 우리 아이가 아홉 명 중 한 명이 될 가능성은 아주 희박해 보인다. 하여튼 다양한 운이 작용해 선정된 것이 분명하다. 물론 기본적으로 열심히 쓴 덕분이기도 하지만, 대상은 실력만으로 선정되기는 불가능하지 않을까?

살면서 우리도 크고 작은 '블랙 스완'을 만날 수 있다. 이런 불확

저는 후보 3번입니다만…

실성은 어차피 우리가 통제할 수 없는 부분이다. 다만 무슨 일을 시도하든 <u>최상의 시나리오와 최악의 시나리오를 미리 가늠해볼 필요는 있다. 최악의 상황만 대비하더라도 그 다음 도전은 얼마든지 준비할 수 있으니까</u> 말이다.

그리고 행운의 블랙 스완을 만났다고 해서 온전히 자신의 실력일 거라 확신하지 말자. 분명 다양한 변수 속에서 긍정적인 '운'이 작용한 결과일 것이다. 그러니 행운에 충분히 기뻐하고 나서는 더욱 열심히 실력을 쌓기 위해 노력해야 하지 않을까?

'블랙 스완을 대비하자! 그러면 최상의 상황과 최악의 상황을 미리 가늠해볼 수 있다.'

질투하는 그대에게

'건전한 질투는 노력을 동반한다'

"나무는 제 손으로 가지를 꺾지 않는다.
그러나 사람은 제 미움으로 가까운 이들을 베어버린다."

– 톨스토이(Leo Tolstoy)

룸메이트였던 그녀가 샤워를 마치고 방에 들어왔다. 샤넬 화장품 뚜껑을 여는 손놀림이 능숙했다. 샤넬 향이 방에 퍼질수록 여드름으로 울긋불긋한 그녀의 얼굴이 더 진한 붉은색으로 물들었다.

"너 아르바이트 많이 해봤어?"

그녀가 거울 속에 비친 날 보며 뜬금없이 물었다.

"그럼요. 대학 내내 했는 걸요. 언니는요?"

"난 한 번도 해본 적 없어. 아마 앞으로도 귀찮아서 못할 거야. 어차피 돈은 엄마가 쓸 만큼 주니까 딱히 해야 할 이유도 없고 말이야."

나이가 꽤 많던 그녀는 취직이 힘들 것 같아 대학원에 다닌다고 했다. 게다가 필리핀에 잠시 있다가 '선진국'으로 갈 거라며, 묻지도 않은 말을 주저리주저리 늘어놓았다.

"근데, 딱히 영어를 잘하지도 않는데 관심받는 애 보면 어떤 생각이 들어?"

터질 듯 농익은 여드름이 그녀의 씰룩이는 입꼬리와 함께 못난 춤을 추고 있었다.

"영어와 관심이 무슨 상관인데요?"

내가 퉁명스레 물었다.

"영어를 잘하는 것처럼 포장된 게 문제란 거야."

그녀가 말끝에 한숨을 매달았다. 그러곤 내 시선을 외면하려 몸을 돌려 앉았다.

"언니는 그런 일로도 질투해요? 난 전혀 신경 안 써요. 그런 걸로 질투할 시간에 영어 공부나 더 하는 게 현명할 테니까요. 안 그래요?"

내가 일부러 힘주어 말했다. 순간 그녀의 벌건 얼굴이 찌그러진 깡통처럼 일그러졌다. 그리고 그녀는 그날도 영어 공부 대신 숙면을 선택했다. 이어폰에서 흘러나오는 영어 소리를 자장가 삼으면 영어 실력이 확연히 늘 거라는 허무맹랑한 믿음에 의지한 채로.

이불을 머리끝까지 끌어당기고 잠든 그녀를 보며 나는 생각했다.

'혹시 그녀는 꿈속에서도 비교와 질투를 하고 있는 건 아닐까?'

그녀의 어긋난 질투를 떠올리며 나는 짧은 이야기 한편을 지었다.

"선생님! 저 정말 억울해요!"

금방이라도 울 듯이 백조가 소리쳤다. 토끼 선생님이 귀를 쫑긋 세우며 쳐다봤다.

"백조야, 무슨 일이야?"

"글쎄, 오리너구리가 저에 관해 허위 사실을 유포하고 다니지 뭐예요!"

"어떤 허위 사실을 말하는 거니?"

"제가 물에 떠 있기 위해 쉴새 없이 발을 허우적댄다는 거짓 소문을 퍼뜨렸더라고요."

"근데 백조야! 그건 소문이 아니라 진실이지 않니?"

"어머! 선생님까지 그 소문을 믿고 계신 거예요? 정말 속상하네요. 혹시 제 몸에 기름샘이 있다는 거 아세요? 그러니까 깃털에 얼마든지 기름을 바를 수 있다구요. 그 기름이 방수 물질이 되어서 제 몸을 뜨게 하는 거죠."

백조가 억울해 죽겠다는 듯 소리쳤다.

"아, 그래? 몰랐구나. 그럼 오리너구리야! 네가 허위 사실을 유포한 게 맞니?" 토끼 선생님이 오리너구리에게 물었다.

"제가 물속에서 똑똑히 봤다고요. 백조가 물에 뜨려고 발을 허우적대는 걸요. 물 밖에선 고고한 척 연기를 하니까 다들 깜빡 속는 거예요."

오리너구리가 물러서지 않겠다는 듯 고개를 치켜들었다.

"저도 봤어요.", "저두요!"

올빼미와 쇠똥구리가 동시에 소리쳤다. 토끼 선생님은 난감한 표정을 지었다.

"너희는 물 밖에 사는 동물들인데 백조가 물속에서 발을 허우적대는 걸 어떻게 봤다는 거야?"

"그게 그러니까, 어느 밤이었어요. 백조가 헤엄치는 소리가 들려서 제가 눈알을 또로록 굴렸죠. 그때 백조가 허둥지둥 발을 구르는게 딱 보이지 뭐예요? 아시다시피 전 야행성 동물이라 밤에 누구보다 잘 볼 수 있으니 제 말이 틀림없어요!"

올빼미가 확신에 찬 목소리로 말했다.

"올빼미 말은 순 거짓말이에요. 첫째, 올빼미의 안구와 안와는 붙어있어요. 눈알을 움직일 수 없다는 말이죠. 그래서 머리 자체를 돌린다고요. 둘째, 저는 물속은 물론, 물 밖에서도 허둥지둥 발을 구르지 않아요. 셋째, 올빼미는 생각보다 시력이 좋지 않아요. 대신 비대칭의 귀를 이용해 소리로 판단할 뿐이죠."

백조가 안경을 밀어 올리며 또박또박 말했다. 그러자 올빼미 입이 쩍 벌어졌다. 오리너구리도 살짝 당황한 얼굴이었다.

"저도 봤는걸요. 그날은 제가 연못 옆에서 커다란 쇠똥을 발견한 날이었어요. 얼른 집에 갈 생각으로 열심히 쇠똥을 굴렸죠. 그런데 잠시 후, 제가 커다란 원을 그리고 제자리로 돌아왔더라고요. 연못 옆으로 말이에요. 그때 백조가 발을 마구 구르는 걸 똑똑히 봤어요. 그러니까 오리너구리 말이 맞아요." 쇠똥구리가 목청을 높였다.

"쇠똥구리 말 또한 순 거짓말이에요. 쇠똥구리는 절대 제자리로 돌아오지 않거든요. 시작점에서 무조건 일직선으로 쇠똥을 굴려요. 제자리로 돌아오지 않기 위한 본능인 거죠!"

이번에도 백조가 또박또박 말했다. 어느새 쇠똥구리도 넋이 나간 듯 입을 쩍 벌리고 있었다.

토끼 선생님이 차분한 태도로 오리너구리에게 물었다.

"이제 네가 설명할 차례구나. 오리너구리야, 왜 그랬니?"

"전 늘 오리도 너구리도 아닌 애매한 동물이라는 소리를 들어요. 백조는 우아한 새라는 소리를 듣는데 말이죠. 게다가 우리 아이는 알에서 태어나는데도 젖을 먹고 자라요. 그래서 다들 절 이상한 동물 취급하더라고요. 저도 백조가 되고 싶어요. 그래서 그만….''

오리너구리가 왈칵 울음을 터뜨렸다.

"아무리 질투가 나도 허위 사실을 유포하는 건 나쁜 일이란다. 얼른 백조에게 사과하렴.''

토끼 선생님이 오리너구리 등을 떠밀었다. 아까의 당당한 태도는 온데 간데 없이 사라지고 어깨를 축 늘어뜨린 오리너구리가 작은 목소리로 말했다.

"백조야, 미안해. 다시는 그러지 않을게.''

그제야 백조 표정이 누그러졌다.

"오리너구리야, 절대 잊지 마! 질투는 남을 향한 것처럼 보이지만, 결국엔 널 공격하는 무기란 걸.''

안경 너머 백조의 눈이 섬광처럼 빛났다. 오리너구리가 고개를 주억거렸다. 옆에 선 올빼미와 쇠똥구리도 부끄러워했다.

'질투심의 해악을 기억하자! 노력하지 않는 질투심이야말로 가장 어리석은 행위다!'

228

부루마블은 인생의 축소판

'과정을 즐기는 사람이 진짜 고수다'

> "인생은 짧은 이야기와 같다.
> 중요한 것은 그 길이가 아니라 가치다."
>
> – 세네카(Seneca)

예전에 우리 가족은 주말마다 부루마블 게임을 즐겼다. 그런데 게임을 할 때마다 우리 아이는 기를 쓰고 1등을 하려 했다. 어차피 주사위를 던지는 방식이라 자신의 노력만으로 1등을 할 수 없는 게임인데도 말이다.

자꾸만 돈을 줘야 하는 상황이 되면 아이의 심통이 극에 달했다. 하지만 나는 돈을 지불하면서 이런 생각을 했다.

'이게 내 현실이 아니어서 얼마나 다행인가? 감사함을 느끼게 해주는 게임이군.'

그러다 자꾸만 돈을 얻게 되면 이런 생각이 들었다.

'현실에서 불가능하니 대리만족이라도 느껴보자.'

이렇게 생각하자 게임이 훨씬 재미있었다. 사실 종이돈으로 하는 게임에서 이기고 지는 것이 무슨 의미가 있을까? 그저 게임을 하는 동안 최대한 재미있게 시간을 보내면 그만이지 않을까?

그런데 꼭 1등을 하고 싶던 우리 아이는 돈을 잃기만 하면 말수가 급격히 줄어들었다. 그러다 아빠가 1등을 하고는 눈치 없이 아이를 놀리는 말이라도 하면 어김없이 눈물을 뚝뚝 떨궜다. 진 것도 속상한데 아빠가 너무 얄밉다는 것이 이유였다.

나는 늘 '과정을 즐기자.'라며 아이를 토닥였다. 하지만 1등이라는 목표에서 멀어져 속상한 아이에게는 별 효과가 없는 조언인 것 같았다.

그러고 보니 부루마블만큼 우리 인생과 꼭 닮은 것도 없다. 세계 곳곳에 내 호텔과 빌딩, 별장을 지어놓으면 참 행복하겠다 싶다가도, 다음 순간 물질적 풍요가 한낱 신기루처럼 보이니 말이다. 돈만 많으면 세상의 모든 행복이 내 것 같겠지만, 실상 그때부터는 돈 걱정을 하느라 마음이 힘들어지지 않을까?

그리고 주사위를 던져 말을 이동하는 것은 일종의 운이라는 사실에 주목할 필요가 있다. 노력을 들인 일보다 보람이 훨씬 덜하니 크게 연연할 필요가 없는 것이다. 그보다는 내 노력으로 달성하는 일에 집중하는 편이 정신 건강에 훨씬 좋을 테다.

마지막으로 이 게임을 통해 교훈을 얻는 것은 전적으로 자기 몫이다. 살면서 만나는 갖가지 경험에서 각자의 의미를 찾듯이 말이다. 그리고 이 게임의 핵심은 뭐니 뭐니해도 결과보다 과정을 즐기는 것이 훨씬 낫다는 것이 아닐까? 우리 인생처럼!

《메타인지 학습법》에 저자와 오빠 이야기가 나온다. 어린 시절 오빠와 카드, 체스, 장기 등의 게임을 할 때마다 저자는 오빠를 이길 수 없었다. 그래서 저자는 백전백패의 분노 때문에 판을 엎은 적도 있었다.

그러던 어느 날, 저자가 처음으로 오빠를 이겨 코를 납작하게 해주었다. 얼마나 기뻤을까? 그런데 저자의 기쁨을 반감시키는 요인이 있었다. 바로 오빠의 반응이었다. 웬일인지 오빠 얼굴에 아쉬움이나 실망 혹은 짜증이 하나도 없었다. 이럴 때는 상대방의 아쉬움이 크면 클수록 승리의 기쁨 또한 커지는 법인데 말이다.

다음 판을 준비하며 오빠가 태연하게 한 마디 했다.

"좋은 게임이었어."

당시 저자는 오빠를 이해할 수 없었다. 백전백승 기록이 깨어졌는데 왜 아쉬워하지 않는 건지 이상했던 것이다.

저자는 후에 깨달았다. 오빠에게 중요한 건 '어떻게 이길까?'가 아니었다는 것을. 그는 '어떻게 하면 잘할까?'에만 집중했다. 이번 판에 졌다면 그 원인을 분석해 다음 판을 대비하는 자세, 참 인상적이지 않은가? 저자는 이런 오빠 덕분에 성공과 실패를 반복하는 '과정' 자체에 집중할 수 있게 되었다고 한다.

생각해보면 늘 성공만 해서 목표를 성취하는 사람은 없다. 또 과정이 성공만으로 채워져도, 혹은 실패만으로 채워져도 재미가 없는 건 마찬가지다. 그러니 결과에 상관없이 과정을 즐기는 편이 훨씬 현명할 테다.

우리 아이는 이제 게임에서 지고도 울지 않는다. 어차피 이길 때도 질 때도 있다는 걸 깨달았기 때문이다.

한번은 게임을 마치고 아이가 의연하게 말했다.

"다음번엔 더 잘할 수 있겠지!"

'당신은 과정을 온전히 즐기고 있는가? 한 발 물러나 바라보면, 과정 자체가 얼마나 풍요로운지 알게 될 것이다.'

나는 참나무입니다

'최고의 현명함은 강점에 집중하는 것이다'

"너 자신이 돼라! 다른 사람은 이미 있으니까."

- 오스카 와일드(Oscar Wilde)

참나무에 관한 재미있는 이야기를 들은 적이 있다.

정원에 갖가지 나무가 자라고 있었다. 장미 나무는 예쁜 장미를 피워 올리며 노래를 불렀다. 사과나무는 탐스러운 사과를 매달고 새들에게 재미있는 이야기를 들려주고 있었다. 배나무는 자신의 배가 얼마나 맛있는지 구름에게 자랑했다.

그런데 어린 참나무만 영 표정이 좋지 않았다.

"참나무야, 무슨 고민이라도 있니?"

사과나무가 물었다.

"전 제가 누구인지 잘 모르겠어요."

"그런 거라면 걱정하지 마. 최선을 다하면 나처럼 탐스러운 사과를 맺을 거야."

사과가 생긋 웃으며 말했다.

"하지만 전 이미 노력했는걸요. 아무리 해도 사과를 맺을 수가 없어요."

참나무 얼굴이 더 어두워졌다.

"사과나무 말은 들을 필요 없어. 사과보다 장미꽃이 훨씬 예쁘니까 말이야. 열심히 해서 나처럼 예쁜 장미꽃을 피워봐."

장미 나무가 고개를 치켜들며 말했다.

"장미꽃을 피우기 위해서도 노력했는걸요."

참나무 말에 장미꽃은 이해가 안 된다는 표정이었다. 최선을 다하면 장미꽃을 피우지 못할 리 없다고 생각했기 때문이다.

"뭐니 뭐니해도 배가 최고지. 참나무야, 배가 열리도록 노력해야 해!"

배나무도 거들었다.

그때 새 한 마리가 날아왔다.

"참나무야, 네가 누군지 몰라서 고민이구나?"

"응. 아무리 노력해도 난 아무것도 만들지 못해. 사과도, 배도, 장미꽃도….."

"넌 사과나무도 배나무도 장미 나무도 아니기 때문이야. 네가 어떤 나무인지 알고 싶으면 내면의 소리에 귀 기울여보렴. 그럼 틀림없이 답을 얻을 수 있을 거야."

새는 그 말만 남기고 날아갔다.

참나무는 곰곰이 생각하다가 마침내 깨달았다.

"그래! 나는 참나무야. 그러니까 참나무답게 살 거야!"

저는 후보 3번입니다만…

그날부터 참나무는 쉬지 않고 자라났다. 그리고 사람들에게 커다란 그늘을 만들어주었다. 참나무 아래서 시원함을 즐기던 사람들이 입을 모아 말했다.

"참나무는 참 멋진 나무야!"

나도 한때는 참나무와 같은 고민을 했다. 잘하는 것보다 못하는 게 훨씬 많다고 생각해서 더 그랬던 것 같다. 어렸을 적엔 못하는 것에 대한 불만으로 늘 심통을 냈다. 그런데 이제 제법 나이가 들어서 그런지 못하는 것에 거의 신경 쓰지 않게 되었다. 물론 여전히 내가 한 요리는 나도 먹기 힘들고, 달리기를 비롯해 몸으로 하는 일에는 남들보다 두세 배의 노력이 필요하긴 하다. 하지만 그럴수록 못하는 일을 쿨하게 인정해버린다. 그리고 가끔은 '자학개그'의 소재로 쓰면서 나름의 쓸모도 찾아준다.

사과나무와 장미 나무에는 사과와 꽃이라는 특기가 있다. 그에 비해 참나무에는 별다른 특기가 없다. 그런 의미에서 나도 참나무다. 자라면서 늘 사과나무와 장미 나무를 부러워했다. 하지만 지금은 내가 만들 수 있는 '그늘'에만 집중하며 산다. 어떻게 하면 더 넓고 쾌적한 그늘을 만들까 열심히 연구도 한다.

나는 오늘도 풍성한 그늘을 만드는 행복한 참나무로 살아가고 있다.

'강점에 집중하라! 나의 진짜 가치를 발견할 수 있다!'

나는 비싼 케이크 한 조각을 원한다

'발전하는 유일한 방법은 오늘 할 일을 하는 것이다'

"성공이라는 못을 박으려면 끈질김이라는 망치가 필요하다."

– 존 메이슨(John Mason)

《무엇이 최고의 리더를 만드는가》에 '탈러의 사과' 연구가 나온다.

질문1) 당신은 둘 중 어떤 것을 선택하겠는가?

1. 오늘 사과 한 개 받기

2. 내일 사과 두 개 받기

나는 속으로 생각했다. '세상에 1번을 고를 사람이 어딨어?'

그런데 대부분의 응답자가 1번을 고른다고 한다.

질문2) 당신은 둘 중 어떤 것을 선택하겠는가?

1. 1년 후에 사과 한 개 받기

2. 1년이 지난 바로 다음 날 사과 두 개 받기

나는 2번을 골랐다. 1년 동안 기다렸는데, 고작 하루를 더 기다리지 못할 이유는 없으니까. 이 질문에는 다수가 2번을 골랐다.

그런데 질문 1과 질문 2의 차이점은 무엇일까? 하루를 더 기다

저는 후보 3번입니다만…

려야 하는 것은 똑같은데 말이다. 우리의 뇌는 '현재'에 초점을 맞춘다. 그래서 현재의 사과 한 개가 미래의 사과 한 개보다 훨씬 더 중요하게 느껴지는 것이다. 이를 '과도한 가치 폄하 효과'라고 부른다. 그래서 미래의 목표를 자꾸 미루는 경향이 있다.

그렇다면 미래의 목표를 성취하기 위해 어떻게 해야 할까? 한마디로 단기 목표로 잘라서 구체화해야 한다. 1년에 120권의 책을 읽겠다고 생각하면 미루기 쉽지만, 한 달에 열 권을 읽겠다는 목표를 가지면 미룰 가능성이 낮아진다. 한 발 더 나아가 1주일에 두 권 혹은 세 권을 목표로 하면 성취도가 확연히 올라간다.

잘 알려진 바와 같이 목표는 구체적이고 눈에 보이는 형태여야 한다. 그래서 나는 나만의 보물 지도에 장기 목표를 시각화해두고, 단기 목표는 단순화하여 머릿속에 넣어둔다.

이를테면 나는 한 달에 동화 한 편 쓰기를 목표로 한다. 첫째 주에는 아이디어를 생각하고 대강 이야기를 머릿속에 재생해본다. 둘째 주에는 각 챕터에 들어갈 에피소드를 만든다. 셋째 주와 넷째 주에는 하루에 한 챕터씩 본격적으로 쓰기 시작한다. 대신 마지막 주에는 변수를 감안하여 3~4일의 여유를 둔다. 그래야 컨디션에 따라 쉬어갈 수 있기 때문이다. 이렇게 하면 1년에 열두 권을 쓰겠다라는 장기 목표를 굳이 생각하지 않아도 된다. 물론 무조건 쓴다고 책으로 나오건 아니다. 계약이 안 되는 원고가 훨씬 많지만, 실패라고 부르지 않는다. 그저 가끔씩 혼자 읽어볼 원고가 늘어날 뿐이다.

요즘 나의 화두는 단연 '지속 가능성'이다. 《지속가능한 반백수 생활을 위하여》라는 책을 꺼내 다시 읽고 있다. 가능한 길고 가늘게 '하고 싶은 일'을 하면서 살고 싶은 게 저자와 나의 공통된 바람이다. 그러기 위해서는 뭐든지 단순화하는 게 좋다. 삶도, 생활도, 목표도! 일단 단순해지면 에너지가 불필요하게 낭비될 일이 없다.

'인간은 미지의 행복보다 익숙한 불행을 선택하는 경향이 있다.' 오늘 할 일을 하지 않고, 게으름을 피우면 그야말로 익숙한 불행과 만나게 된다. 하지만 미지의 행복을 위해 오늘 할 일을 찾으면 익숙한 불행이 슬그머니 도망가버린다.

그리고 오늘 할 일은 미래 목표를 작게 자른 한 조각이어야 한다. 이렇게 단순화하면 매일 선택하고 고민할 일도 없어진다.

《지속가능한 반백수 생활을 위하여》의 신예희 저자는 책의 마지막을 이렇게 끝맺고 있다.

"새롭고 다른 것, 의외의 것을 찾아야 한다. 새로운 10년, 20년을 바라봐야 한다. 돈 벌어서 비싼 케이크 사 먹으려면 열심히 뛰어야지요!"

특별하지 않은 말 같지만, 내게는 아주 현실적으로 와닿는 문장이다. 나는 지속 가능한 생활을 통해 꼭 먹고 싶은 비싼 케이크 한 조각을 사 먹을 수 있기를 희망한다. 그 한 조각을 위해, 나는 오늘도 미래 목표를 작게 자른 한 조각을 열심히 실행한다.

'오늘 분량의 일을 오늘 해내자! 딱 그 정도의 끈기라면 성취하지 못할 일이 없다!'

저는 후보 3번입니다만…

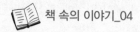

'나만의 즐거움을 가진 사람은
진정 행복한 사람이다'

"우리가 슬픈 세상을 치료할 수는 없을 것이다.
하지만 즐거움 속에서 살기로 선택할 수는 있다."
– 조지프 캠벨(Joseph Campbell)

"롱디! 자네 뭘 그렇게 열심히 들여다보고 있나?"

땅딸보 숏트가 햄버거를 베어 물며 물었다. 소스가 입가로 쭉 흘러내리자 짧은 손가락을 푸드덕 움직여 입안으로 밀어 넣었다.

"숏트! 이번이 마지막이야. 드디어 우리의 마지막 한탕 거리를 찾았다구!"

흥분한 롱디는 기다란 팔로 숏트의 머리를 망원경으로 밀어붙였다. 눈을 깜빡이며 망원경을 들여다본 숏트가 이내 고개를 갸웃거렸다.

"저건 파란 지붕 집이잖아! 가족도 없이 혼자 사는 샐린저 영감 집에 털 게 뭐가 있겠어! 기껏해야 낡은 가구들뿐일 텐데."

숏트가 기울였던 몸을 일으키며 롱디를 쳐다봤다.

그런데 어쩐 일인지 롱디 얼굴에 자신만만함이 들어차 있었다.

"모르는 소리 말라고. 내가 몇 달 동안 관찰한 결과 샐린저 영감 집에 어마어마한 보물이 숨겨져 있는 게 틀림없다구! <u>으흐흐흐흐!</u>"

롱디는 두 손을 그러모으고 웃기 시작했다. 숏트가 남은 햄버거 조각을 입안에 던져 넣으며 눈짓을 했다. 대체 무슨 소리냐는 뜻이었다.

"자네, 나의 뛰어난 관찰력에 깜짝 놀랄 준비나 하게나. 첫째, 샐린저 영감 집에는 커다란 금고가 있네. 이 동네에 금고를 가진 사람이 있다는 게 이상하지 않은가?"

숏트의 눈매가 슬쩍 좁아졌다. 구미가 당기는 모양이었다.

"금고라면 내 전문인데…."

금고털이 전문가 숏트는 금고라는 단어를 발음하면서 입술을 부르르 떨었다. 화려했던 전성기 시절이 번쩍 떠오른 게 틀림없었다. 롱디가 그럴 줄 알았다는 듯 고개를 끄덕였다.

"둘째, 샐린저 영감은 매일 밤 금고에서 무언가를 꺼내서 흐뭇하게 바라본다네."

롱디의 말에 숏트가 몸을 앞으로 기울였다. 구미가 당기는 정도가 아니라는 뜻이었다.

"내… 내… 내가 보증하겠네. 보물이 확실하다고 말일세. 금고 주인들은 늘 밤에 혼자 금괴나 보석을 꺼내 쳐다본다네. 혹시… 샐린저 영감이 금고문을 닫고 금고를 어루만지진 않던가?"

롱디 눈이 커다래졌다.

저는 후보 3번입니다만…

"자네 그걸 어떻게 알았나?"

"아….."

소스로 얼룩진 숏트의 작은 입이 벌어졌다.

"내가 장담하지! 영감의 금고 안에 금괴가 가득하다는 걸 말일세. 금고를 닫고 어루만지는 건 금괴 주인들의 무의식적인 습관이거든."

"그게 정말인가? 이거 일이 생각보다 척척 진행되겠는걸? 고향에 두고 온 처자식을 만날 날도 얼마 남지 않은 모양일세. 으흐흐흐. 아참! 내 정신 좀 보게나. 마지막 세 번째, 샐린저 영감은 아침마다 금고에 무언가를 넣는다네. 만약 그게 금괴라면 아침에 넣는 게 좀 이상하긴 하지만….."

롱디가 입맛을 쩝 다시며 말했다.

"푸하하하! 롱디 그걸 말이라고 하는가? 은밀하게 금괴를 사고 파는 사람들은 밤에 움직이지 않는다네. 경찰들이 잠복 근무를 하고 있다는 걸 잘 알기 때문이지. 대신 이른 아침에 움직인다네. 경찰들이 졸린 눈을 비비며 집에 돌아가고 난 다음, 태양 빛이 반짝 떠오를 때 말일세."

갑자기 롱디가 폴짝폴짝 뛰어올랐다. 만면에 웃음을 가득 피웠기에 숏트는 굳이 이유를 묻지 않았다. 그러다 롱디가 딱 멈춰 섰다.

"숏트! 잘 들어보게! 일은 신속하고 정확하게 끝내는 게 좋아. 그러니 오늘 오후 2시에 파란 지붕 집을 터는 게 좋겠네!"

숏트가 궁금하다는 듯 눈을 끔뻑였다.

"왜 하필 2시인가?"

"샐린저 영감은 시계 같은 사람이야. 매일 2시부터 4시까지 산책을 한다네. 내가 몇 번 뒤를 밟은 적이 있지. 놀랄 만큼 정확하더군. 그는 그린 애비뉴를 출발해 로저 광장으로 간다네. 그러곤 그곳에서 비둘기들에게 밥을 주고 동상처럼 앉아 내내 신문을 읽지. 시계를 확인하고 정확하게 3시 30분에 벤치에서 일어난다네. 그리고 갔던 길을 되돌아 집으로 돌아오지."

숏트가 고개를 끄덕일 때마다 짧은 목의 주름이 접혔다 펴졌다를 반복했다.

"좋아! 그럼 우리도 정확하게 2시에 침입하면 되겠군. 그리고 4시까지 그 집에서 빠져나오면 완전범죄가 되는 거지. 롱디! 나는 빈집털이범인 자네가 내 친구인 게 참 자랑스럽네. 우리 같은 환상의 파트너가 또 있겠는가? 자네가 손가락 하나로 문을 열면, 내가 발가락하나로 금고를 열겠네. 푸하하하!"

숏트가 웃겨 죽겠다는 듯 작은 손으로 배를 움켜잡았다. 롱디도 피식 따라 웃었다.

벽시계가 정확하게 2시를 가리켰다. 마치 문 앞에서 기다리고 있었다는 듯 샐린저 영감이 문을 열고 나왔다. 그러곤 그린 애비뉴를 천천히 걸어 로저 광장으로 향했다.

샐린저 영감의 뒷모습을 확인한 롱디와 숏트가 허겁지겁 집을 나섰다. 파란 지붕 집에 가까이 다가갈수록 심장이 빠르게 뛰었다. 숏트가 말한 것처럼 롱디는 정말 손가락 하나로 대문을 여는 데 성공했다. 롱디 입꼬리가 절로 씰룩였다. 아직 쓸만한 손 감각이 기특한 모양이었다.

둘은 고개를 돌려 주변을 확인한 다음, 안으로 들어섰다. 꼭 있어야 할 것만 욕심 없이 제자리를 지키고 있는 모습이 샐린저 영감과 닮아있었다.

"롱디! 금고는 어디에 있는가?"

숏트가 시계를 확인하고 물었다. 벌써 5분이 흘렀다.

"저기일세!"

롱디가 거실 한쪽 벽에 있는 책장 쪽을 가리키며 말했다.

"온통 책들뿐인데? 어디에 있다는 건가? 그나저나 혼자 사는 적적한 영감이라 책만 읽는 모양이군. 불쌍한 영감 같으니…. 나는 늙어서 샐린저 영감처럼 살긴 싫다네."

숏트가 혀를 끌끌 차며 책장을 쳐다봤다.

그때 롱디가 무릎을 굽혀 아래쪽에 있는 금고 앞에 자리를 잡았다.

"금고털이 경력 30년에 이런 색깔 금고는 처음 보는군. 일부러 책장 아래쪽에 설치하면서 알아볼 수 없도록 칠을 한 게 틀림없구만. 도대체 금괴를 얼마나 쌓아뒀길래 이렇게 주도면밀한 거지?"

숏트가 롱디 옆에 털썩 주저앉으며 말했다.

"숏트! 이제 자네 차례일세. 발가락 하나로 얼른 열어보라고."

롱디는 아까 숏트가 했던 말을 잊지 않고 있었다.

"자! 왕년에 황금 손으로 명성을 떨쳤던 내가 실력을 보여주지!"

숏트가 손가락 10개를 사정없이 꿈틀거렸다. 그러곤 금고의 다이얼에 손을 갖다 댔다. 차가운 감촉이 손끝에 전해지자, 마치 감전이라도 된 것처럼 몸을 부들 떨었다. 눈을 지그시 감은 숏트가 천천히 다이얼을 돌렸다.

툭!

숏트의 손끝으로 느낌이 전해져왔다. 눈을 질끈 감은 숏트는 온 신경을 손끝에 모아 다이얼을 반대 방향으로 돌렸다. 롱디는 침을 꼴깍 삼키며 숏트와 금고를 번갈아 쳐다보고 있었다. 얼핏 손목시계를 들여다보니 2시 30분이었다. 서둘러야 할 것 같았다. 그런데 숏트의 미간에 주름이 깊어지고 있었다. 일이 잘 풀리지 않을 때마다 나오는 습관이었다. 롱디는 가슴이 답답해졌다. 숏트의 고개가 미세하게 기우뚱했다. 더 안 좋은 신호였다. 시간은 쉴 새 없이 달리는데, 커다란 엉덩이를 바닥에 붙인 숏트는 꿈쩍도 하지 않았다.

"대체 언제까지 이러고 있을 건가! 발가락 하나로 열 수 있다고 하지 않았는가!"

참다못한 롱디가 소리쳤다.

"휴, 나도 뭐가 잘못된 건지 모르겠네. 실력이 녹슨 건가. 조금만 시간을 주게."

숏트가 자신 없는 목소리로 말했다. 다시 그의 두 눈이 꼭 감겼다. 아까보다 더 천천히 다이얼을 돌렸다. 숏트는 일종의 자기 최면 상태에 빠져들었다. 이 세상에 자신과 금고, 오직 둘만 존재한다고 믿는 상태….

툭! 드디어 열렸다.

저는 후보 3번입니다만…

그렇게 기다리던 순간인데 무슨 일인지 둘은 얼어붙은 듯 가만히 있었다. 먼저 정신을 차린 건 롱디였다. 그의 기다란 손가락이 금고 손잡이를 쑥 당겼다. 그런데 손이 덜덜 떨리고 있었다. 숏트는 멍하니 입을 벌리고 금고문이 열리는 걸 지켜보았다.

획!

"어?"

"어?"

둘이 동시에 소리를 냈다. 금괴가 있어야 할 자리에 종이 뭉치가 가득 쌓여있었다.

"종이 뭉치는 금괴를 숨기기 위한 일종의 트릭일 걸세. 뒤편에 있을 테니 얼른 손을 넣어보게나."

숏트가 롱디 팔을 당기며 말했다. 롱디가 팔을 쑥 밀어 넣었다. 그리곤 금고 뒷면을 조심스레 더듬었다. 손동작이 차츰 빨라졌다. 하지만 그럴수록 롱디 얼굴에 실망감만 번져갔다.

"그럴 리 없어! 저리 비켜보게나!"

숏트가 롱디를 밀치고 짧은 팔을 밀어 넣었다. 꼭 금고에 팔이 낀 사람처럼 몸을 푸덕댔다. 빈틈없이 훑고 또 훑어도 아무것도 없었다. 허탈해진 숏트 팔이 거칠게 빠져나왔다.

"미친 샐린저 영감! 이런 쓸모없는 종이 뭉치만 한가득 쌓아두고, 금괴는 어디로 빼돌린 거야! 아무짝에도 쓸모없는 종이 뭉치들 같으니!"

얼굴이 벌개진 숏트가 두 손으로 종이 뭉치를 사정없이 잡아당겼다. 롱디도 종이 뭉치를 공중으로 거칠게 던져 올렸다. 여기저기 종이들이 춤을 추다 바닥에 내려앉았다.

"롱디! 우린 이제 끝이야! 자네 추측이 다 틀렸다고! 처음부터 말이 안 되는 소리였어. 이 가난한 그린 애비뉴에 사는 독거 노인이 금고에 금괴를 가득 채우고 있을 리 없잖아. 나라도 자네를 말렸어야 했는데, 둘이 똑같이 바보짓을 하고 말았군."

롱디 고개가 바닥으로 툭 떨어졌다. 롱디도 이 어처구니없는 상황을 어떻게 수습해야 할지 알 수 없는 건 매한가지였다. 갈 곳 없는 롱디의 시선이 여기저기 바닥을 헤매고 있었다.

"그녀의 마지막 말?"

롱디가 알 수 없는 말을 했다.

"롱디! 자네 충격이 심해서 머리가 어떻게 된 건가? 그녀의 마지막 말이라니?"

숏트가 걱정스런 눈빛으로 물었다.

"아니! 여기 제목이 그녀의 마지막 말이길래. 앞부분이 흥미진진하구만."

롱디는 종이에서 눈을 떼지 못했다. 그러다 아예 자리를 잡고 읽어 내려가기 시작했다. 숏트는 한심하다는 눈빛으로 롱디를 처다봤다. 그리고 방금 전 롱디처럼 무심히 바닥 곳곳에 시선을 던졌다.

"그의 마지막 말?"

숏트가 제목을 읽고는 종이를 들어 올렸다. 그리고 서서히 이야기에 빠져들었다. 그렇게 둘은 꼼짝도 하지 않은 채 맹렬히 이야기

저는 후보 3번입니다만…

만 따라갔다. 마지막에 이르자 롱디는 아예 눈물을 찍어내느라 정신이 없었다.

"롱디! 자네 우는 건가? 내가 방금 읽은 이야기가 더 슬플걸? 한 남자가 있었는데 말이야. 오해 때문에 사랑하는 연인을 떠나보냈지 뭔가."

숏트가 간신히 울음을 참고 롱디에게 말했다. 그러자 롱디가 눈을 크게 늘리고 고개를 들었다.

"그럼 나랑 같은 이야기를 읽은 게 틀림없구만. 아! 그리고 보니 둘의 제목이 거의 비슷하지 않은가? 하나는 여자 입장에서, 하나는 남자 입장에서 적은 거구만. 자! 이제 자네가 이걸 읽게나. 난 자네 걸 읽을 테니."

둘은 진지한 얼굴로 종이 뭉치를 바꿔 들었다. 한참 만에 눈물범벅이 된 숏트가 코를 팽, 풀어 재꼈다.

"어쩜 이렇게 슬픈 이야기가 있을 수 있는가? 난 당장 이 둘을 만나게 해주고 싶네."

롱디도 같은 생각이라는 듯 고개를 크게 끄덕였다.

그때였다. 획!

문이 열렸다. 벽시계가 4시 정각을 가리키고 있었다.

"당… 당… 당신들은 누…구요?"

샐린저 영감은 너무 놀라 염소 소리보다 더 가느다란 목소리를 내고 말았다. 롱디와 숏트는 눈물을 닦아내다가 그대로 얼어붙어 버렸다. 샐린저 영감이 열린 금고와 종이 뭉치를 번갈아 쳐다보았다.

"샐린저 영감님! 저는 선량한 이웃입니다. 앞집 녹색 지붕 집에 사는 선량한 이웃 말입니다!"

롱디는 자기도 모르게 '선량한'에 힘을 주었다. 하지만 말하고 보니 상황과 영 맞지 않는 단어인 것만 같았다. 세상에 선량한 도둑이라니!

그때 숏트가 벌떡 일어섰다. 롱디가 혼자 쏙 빠져나가려는 느낌이 든 탓이었다.

"저도 선량한 건 마찬가지입니다! 물론 녹색 지붕 집은 롱디 소유니까, 정확하게 말해서 저는 이웃은 아닙니다. 하지만 선량한 건 맞습니다!"

숏트가 몸을 기울이는 바람에 발 아래 종이 뭉치가 부스럭 소리를 냈다. 금고에서 빠져나온 종이 뭉치가 그들의 말이 거짓임을 증명하는 듯했다. 그래서 그런지 셋 다 애매한 표정을 짓고 가만히 서 있었다.

가장 먼저 표정을 고친 건 샐린저 영감이었다.

"자네들! 기자들인가?"

뜬금없는 질문에 롱디와 숏트가 멍청한 표정으로 서로를 쳐다봤다. 그리고 똑같은 생각을 했다. 자신들은 영락없는 도둑이라고.

"기자는 아닙니다…."

롱디가 샐린저 영감 눈치를 보며 대답했다.

"그럼 내 원고를 왜 읽고 있는 건가? 그것도 금고에 넣어둔 원고를 말일세."

롱디와 숏트가 손에 든 종이 뭉치를 내려다봤다.

"아! 그러고 보니 이 멋진 이야기를 쓴 사람이 샐린저 영감님인 가요?"

문득 둘의 눈에 존경심이 어렸다.

"그렇다네. 지금껏 한 번도 발표한 적도 없고, 앞으로도 절대 발표할 일 없는 나만의 원고일세."

비장한 목소리로 샐린저 영감이 말했다.

"아니, 대체 왜요? 이렇게 재미있는데 왜 발표를 안 하신다는 겁니까?"

숏트가 눈물을 훔치며 따지듯 물었다.

"이전에 발표한 내 작품에 어쩌나 말이 많던지. 이제 난 그런 시덥잖은 평가들이 지겨워졌네. 그래서 재미있는 이야기를 나만 읽기로 결심한 거지."

롱디와 숏트는 그제야 모든 게 이해되기 시작했다. 샐린저 영감에게 왜 금고가 있는지. 밤마다 금고에서 뭘 꺼내 들여다보는지. 그리고 밤새 쓴 원고를 아침에 금고에 넣는다는 사실까지.

"저… 샐린저 영감님! 도둑들 주제에 양심이 없다고 생각하실지 모르지만… 그녀의 마지막 말과 그의 마지막 말… 이 두 이야기 말입니다. 마무리를 안 하셨던데 특별한 이유라도 있으신가요?"

롱디가 우물쭈물하며 물었다. 그러자 샐린저 영감이 롱디와 숏트를 번갈아 쳐다보았다. 둘은 갑자기 양심이 콕콕 찔려 눈알을 요리조리 굴려댔다. 샐린저 영감은 눈물이 그렁그렁한 도둑의 자기 고백이 우스웠던지 갑자기 호탕하게 웃음을 터트리고 말았다. 한참을 웃다가 그가 말했다.

"사실 어떻게 마무리를 지어야 할지 확신이 서지 않았다네. 둘의 오해를 풀어주는 게 맞는 건지, 아님 열린 결말로 독자들이 마음대로 상상하게 하는 게 맞는 건지. 물론 독자는 나 혼자이긴 하지만 말일세."

"그럼 영감님! 제발 둘이 오해를 풀게 해주십시오. 얼마나 사랑스러운 커플입니까! 실례가 안 된다면 지금 당장 두 이야기를 마무리해주시면 안 되겠습니까? 제발요!"

롱디 눈에 간절함이 들어찼다.

"맞아요. 영감님! 제가 그 둘을 현실에서 찾을 수 있다면 당장 가서 오해를 풀어주고 싶은 지경입니다. 제발 둘 사이를 막지 말아 주십시오!"

숏트가 작은 두 손을 한데 모아 기도하는 시늉을 했다.

샐린저 영감 얼굴에 웃음이 퍼져나갔다. 그는 천천히 컴퓨터로 걸어갔다. 그의 손이 키보드 위에서 춤을 추는 동안, 롱디와 숏트는 간식을 기다리는 어린아이들처럼 가만히 앉아있었다.

30분 후, 프린터가 종이를 뱉어냈다. 롱디와 숏트가 침을 꼴깍꼴깍 삼켜대며 눈을 반짝였다. 마침내 그들 손에 각각 종이가 들려졌다. 둘은 정신없이 읽어 내려갔다. 그러곤 연신 고개를 들어 올려 눈물을 참았다가, 터져 나온 눈물을 손등으로 훔쳤다가를 반복했다.

그 모습을 샐린저 영감은 흐뭇하게 쳐다보고 있었다.

김영하 작가의《말하다》145쪽에《호밀밭의 파수꾼》의 저자 제롬 데이비드 샐린저(Jerome David Salinger)에 관한 이야기가 나온다. 그는《호밀밭의 파수꾼》이 대중적 인기를 얻은 후에 두 작품을 더 발표했다. 하지만 반응이 영 좋지 않았고, 그 후에는 아예 작품을 발표하지 않았다. 대중은 화가 나서 그가 절필을 한 것이라고 생각했지만, 사실이 아니었다.

　　한 인터뷰에서 그는 이렇게 말했다.

　　"나는 매일 쓴다. 예전과 비슷한 속도로 쓰고 있으며 그 원고들은 금고에 차곡차곡 쌓아놓는다. 그리고 난 지금 무척 행복하다. 발표해야 할 필요를 못 느낀다."

　　제롬 데이비드 샐린저에 관한 몇 줄의 설명을 읽으며 난 문득 짧은 이야기로 만들면 재미있겠다라는 생각을 했다. 작품을 발표하지 않고 금고에 쌓아두는 작가, 금고에 금괴가 들어 있을 거라며 한탕을 노리는 도둑들, 미발표 원고를 매개로 공감대를 형성하는 셋! 이런 설정이면 어떨까 생각하다가 무작정 써보았다. 두 시간 동안 꼼짝하지 않고 쓰는 동안, 나 혼자 재미있어서 몇 번이나 키득거렸다. 다른 사람들도 재미있으면 좋고, 아니라면 슬쩍 내 금고에 넣으면 그만이지 않을까?

　　아참! 난 금고가 없지?!

　　'당신의 금고엔 무엇이 있는가? 오직 나만의 즐거움을 위해 존재하는 것이 있다면 당신은 진정 행복한 사람이다!'

에필로그

'당신과 나, 그리고 우리'

"책은 왜 써요?"

누군가 물었다.

"저를 성장시키려고요. 책을 쓰려고 노력하다 보면 어느새 시야가 넓어지고 지식도 풍부해지거든요."

나는 한껏 자신감에 차서 대답했다.

"그럼 그 책은 본인 혼자만 읽으면 되겠군요."

그 짧은 말에 내 심장이 덜컥 내려앉았다. 나를 성장시키기 위한 책은 결국 나만을 위한 책일 뿐이란 사실을 처음 깨달은 탓이었다.

그날 이후 나는 철저히 '타인을 위한 책'을 쓰고자 노력했다. 내 안에 잠자고 있던 이야기들을 길어 올려 기꺼이 내어놓은 까닭도 온전히 '타인'을 위해서였다. 그런데 그 작업은 예상외로 고단하고 고통스러웠다.

'내 이야기를 다 꺼내놔도 되는 것일까?'

'남들이 비웃거나 편견을 가지진 않을까?'

'너무 설익은 경험을 꺼내 놓은 건 아닌가?'

저는 후보 3번입니다만…

온갖 고민이 날 흔들어댔다. 그런데도 내가 이 책에 빼곡히 담은 이유는, 진심으로 타인과 함께 성장하고 싶었기 때문이다.

문유석 판사의 《개인주의자 선언》이라는 책의 마지막 문구는 아주 의미심장하다.

"우리 하나하나는 이 험한 세상에서 자기 아이를 지킬 수 있을 만큼 강하지 못하다. 우리는 서로의 아이를 지켜주어야 한다. 내 아이를 지키기 위해서 말이다."

홀로 있는 개개인은 별다른 힘을 발휘하지 못한다. 하지만 우리가 힘을 모으고 연대하는 순간, 놀라운 힘을 발휘할 수 있고 부조리한 사회를 바꿀 수도 있다.

나는 누구보다 강력하게 '연대의 힘'을 믿는다. 그래서 당신과 나를 뛰어넘어 '우리'가 함께 발전하는 것은 매우 당연한 일인 것만 같다. 그런 의미에서 나는 항상 당신과 함께 발전하고 싶다. 당신이 지치면 기꺼이 손을 내밀어 잡아주고, 넘어지면 일으켜 세워주고, 숨이 차면 함께 숨을 고르고 싶다.

부디 이 책이 당신과 나, 그리고 우리의 달리기에 성실한 러닝메이트가 되어주길 간절히 기도해본다.

당신과 나, 우리를 응원하며

신은영

참고문헌

1. 광고인의 생각 훔치기(김종섭, 라온북)

2. 거인의 어깨를 빌려라(배연국, 지상사)

3. 누구나 처음엔 걷지도 못했다(고영성, 스마트북스)

4. 문제는 무기력이다(박경숙, 와이즈베리)

5. 30년만의 휴식(이무석, 비전과리더십)

6. 나는 왜 똑같은 생각만 할까(데이비드 니븐, 부키)

7. 일단 오늘 한 줄 써봅시다(김민태, 비즈니스북스)

8. 나는 고작 한 번 해봤을 뿐이다(김민태, 위즈덤하우스)

9. 매일 아침 써봤니?(김민식, 위즈덤하우스)

10. 왓칭(김상운, 정신세계사)

11. 말하다(김영하, 문학동네)

12. 최소한의 밥벌이(곤도고타로, 쌤앤파커스)

13. 청소년을 위한 디테일의 힘(밍쑤이, 21세기북스)

14. 스마트한 생각들(롤프도벨리, 걷는나무)

15. 노력이라 쓰고 버티기라 읽는(한재우, 21세기북스)

16. 습관은 어떻게 인생이 되는가(강이든, 프롬북스)

17. 당신은 왜 조바심을 내는가(돔 버틀러 보던, 그린페이퍼)

18. 스티브 잡스,생각확장의 힘(왕쥔즈, 왕의서재)

19. 쓰기의 말들(은유, 유유)

저는 후보 3번입니다만…

20. 일상의 경영학(이우창, 비즈페이퍼)

21. 조금 다르게 생각했을 뿐인데(바스 카스트, 한국경제신문)

22. 오늘부터 나는 최고의 컨디션(스즈키유, 토마토출판사)

23. 생각의 돌파력(김시래, 쌤앤파커스)

24. 어쩌다 어른(어쩌다 어른 제작팀, 교보문고)

25. 세상에서 가장 재미있는 61가지 심리실험(이케가야 유지, 사람과
    나무사이)

26. 마음을 움직이는 심리학(수잔M.와인생크, 위키미디어)

27. 리더의 자존감 공부(김대식, 해의시간)

28. 인생을 바꾸는 데는 단 하루도 걸리지 않는다(고바야시 세이칸,
    토네이도)

29. 나에게 돌아오는 시간(최효찬, 멘토프레스)

30. 당신의 말(김성태, 넥서스)

31. 최강의 인생(데이브 아스프리, 비즈니스북스)

32. 어떻게 읽을 것인가(고영성, 스마트북스)

33. 일취월장(고영성 · 신영준, 로크미디어)

34. 무엇이 최고의 리더를 만드는가(이태복 · 최수연, 패러다임)

35. 라면을 끓이며(김훈, 문학동네)

36. 엄마에게 안부를 묻는 밤(박애희, 걷는나무)

37. 메타인지 학습법(리사 손, 21세기북스)

38. 부모공부(고영성, 스마트북스)

39. 어린이를 위한 하버드 아침 습관(웨이슈잉, 라이스메이커)

40. 어린이와 청소년을 위한 논어(공자 · 박지숙, 보물창고)

저는 후보 3번입니다만…